ちくま文庫

へろへろ

雑誌『ヨレヨレ』と「宅老所よりあい」の人々

鹿子裕文

筑摩書房

もくじ

へろへろ

雑誌『ヨレヨレ』と「宅老所よりあい」の人々

扉絵　奥村門土（モンドくん）

章扉デザイン　寄藤文平＋吉田考宏（文平銀座）

01 へろへろ発動篇

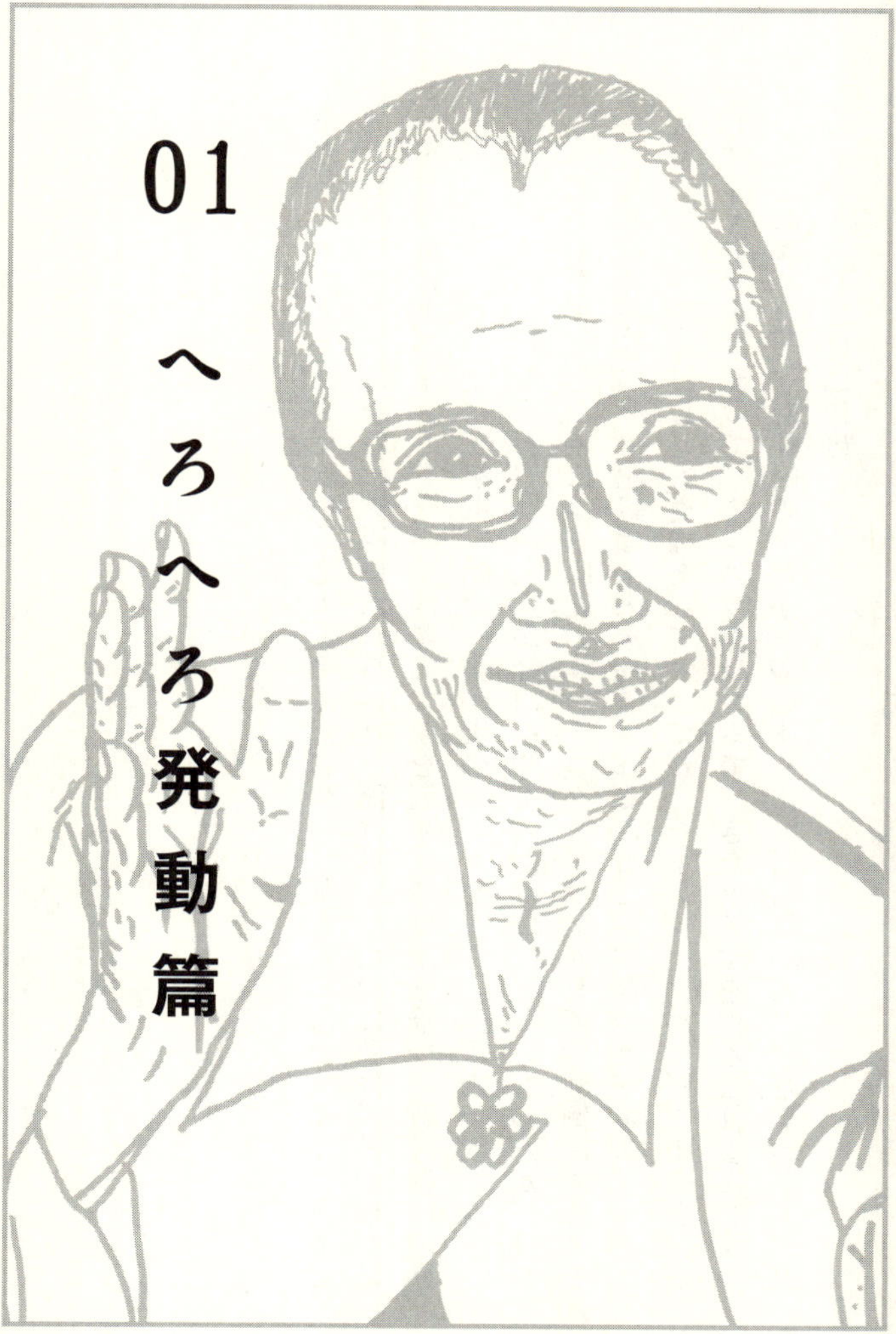

1

僕が「宅老所よりあい」という老人介護施設について何か書こうとすると、世界は途端におかしなことになる。太陽は西から昇り、海は真っぷたつに裂け、月が夜空に四つ出て、猫が犬の子どもを一〇一匹産んで涙を流す。船は空を飛び、新幹線は逆立ちし、ガスタンクがオペラを歌い始め、猫が犬の子どもを一〇一匹産んで涙を流す。時代がどう移り変わろうと、いい大人が軽口を叩くのだけは控えたいものだが、僕が書くそんな本を出版した暁《あかつき》には、版元の「ナナロク社」は七か月で六回倒産することになるだろう。そしてその記録は未来永劫破られることなく、きっとギネスブックにも載るだろう。それにしても奥様あれですってね。ギネスブックってビールの会社が出してるんですってね。で、ミシュランはゴムでできたタイヤを作る会社なんですってよ。この調子じゃ、お味噌の会社が下着の本を出す日も近いんじゃないかしら。楽しみですわ。おほほほほほ。

というわけで僕は今、口からでまかせのような文章を書いて、脳内をリフレッシュさせている。先は長い。一日の始まりをラジオ体操で迎える人がいるように（そしてその体操は傍《はた》から見るとずいぶんおかしな動きになっているように）、僕はめちゃくちゃなことを書いて脳に酸素を供給し、肩の力を抜いているというわけだ。しかしここからはそうした文章をできるだけ控え、中身のあるまともな話をしようと思う。

最初に書いておくと、僕は「宅老所よりあい」の職員ではない。介護の世界に詳しいルポライターでもない。社会問題を提起して何かをお知らせするタイプのジャーナリストでもない。じゃあなにかと問われれば、フリーの編集者ということになる。もちろん、売れっ子ではない。ひまっ子とでも言うのだろうか。売れなさすぎっ子とでも言うのだろうか。とにかく仕事の依頼の少ない、不人気にもほどがある、どうしようもない、本当にどうしようもない、いつ野垂《のた》れ死んでもおかしくない、そういう系統に属する編集者だ。経済的ダメ人間。納税額においては反社会的ですらある。

今もその状況にさして変わりはない。仕事らしい仕事と呼べるのは、「宅老所よりあい」のおもしろい雑誌『ヨレヨレ』を作っていることぐらいだ。

僕はこの『ヨレヨレ』という雑誌を一人で作っている。企画、取材、撮影、執筆、編集、レイアウト、制作進行、おつかいなどなど。そのすべてを一人でやっている（一部連載企画をのぞいて）。通販の発送作業や書店への納品も、もちろんやっている（これはお手伝いしてくれる人がいる）。僕はこれをライフワークと称して、結構ノリノリでやっている。

このライフワークをハローワークしてくれたのが「宅老所よりあい」の下村恵美子《しもむらえみこ》と村瀬《むらせ》孝生《たかお》だった。二人と出会ってからまだ数年しか経っていないが、なんだかもうずいぶん昔から付き合っているような気がする。僕らはとても気が合うようだ。どうしてかは知らない。とにかく下村恵美子と村瀬孝生が、二〇一三年の九月に僕を呼び出してこんなことを言ったのだ。

「ねえ、鹿子《かのこ》さん。わたしね、鹿子さんにね、『よりあい』の雑誌を作ってほしい」

話を切り出したのは、下村恵美子だった。

「鹿子さんがおもしろいと思うことをそのまま書いてくれればそれでいい。わたし、そういう雑誌を読んでみたい」

これは正直、とても効いた。僕はそのとき平静を装っていたけれど、雑誌が作れるという喜びは何物にも代えがたかったし、またそういうふうに僕を信じてくれていることが素直にうれしかった。もっと正直に言えば、泣きそうだった。

僕はその二〇一三年の九月ごろ、実はもう編集者をやめようかなと思っていたのだ。理由はさっき少し書いた。要は「編集の仕事をしたくても、その依頼がまるでなかった」のである。僕はもうずいぶん長いこと干されていた。雑誌に関していえば、丸十年もの間、ただの一ページも作れなかった。なぜそうなったかについては書いてもおもしろくないから書かない。とにかく雑誌編集者としてのキャリアを積んできたはずの僕にとって、雑誌が作れなかったその十年は、暗く淀んだ沼に腰まで浸《つ》かり、右にも左にも身動きが取れず、誰にも言えないその闇の中で、泣きたくないからヘラヘラ笑って立っているような、そういう気持ちを抱えて過ごした十年だった。

新雑誌のタイトルはその場で決めた。五分もかからなかったと思う。老人介護施設には、ぼけを抱えたお年寄りたちが「ヨレヨレ」しながらたくさんいる。そういう施設が出す雑誌だから『ヨレヨレ』だ。それに「宅老所よりあい」の職員はとても働き者だ。みんな「ヨレヨレ」になりながら働いている。だから『ヨレヨレ』だ。正式表記はこうである。

「宅老所よりあい」のおもしろい雑誌　ヨレヨレ

僕は単純に「読んでおもしろい雑誌」にしようと思った。老人介護施設の出す雑誌だからこそ、おもしろくしたいと思った。身内や介護専門職だけが読む雑誌じゃつまらない。むしろ、そういう世界にまるで縁もゆかりもない人たちが手に取り、読んでもらえる雑誌にしたかった。腹を抱えてげらげら笑ってもらえたら最高だ。介護の世界やぼけの世界を扱うからこそ、ゆかいで痛快で暗くないものを作りたいと思った。

幸か不幸か、「宅老所よりあい」にはおかしな話がいくらでも転がっていた。めちゃくちゃすぎるエピソードの弾薬庫だった。僕は「よりあい」の人々と友だちのように付き合っていたから、そういう話をたくさん知っていたし、ぼけたお年寄りと職員たちが繰り広げる世にも奇妙な寸劇的場面にもたびたび遭遇していた。僕がおもしろいと思うのはそういうことだった。

だいたい「宅老所よりあい」は、その成り立ちからしてどうかしているのだ。少し長くなるが、その辺のことをまず書いておこうと思う。

2

「宅老所よりあい」は、一九九一年十一月、伝照寺というお寺のお茶室で始まったデイサービスにその起源がある。場所は福岡市中央区地行《じぎょう》。市の中心部にほど近い、歴史ある古い町だ。大空襲による被害を奇跡的にまぬがれたおかげで、そこかしこに昭和のにおいが残っている。路地はせまく、お寺も多い。古い日本家屋で「八百屋」や「花屋」や「よろず屋」といった商いをやっている店が（数は少ないが）まだまだ存在している。そんな町だ。

その歴史ある古い町に、一人の強烈なばあさまが住んでいた。名前を大場《おおば》ノブヲさんという。明治生まれの大場さんは、旦那さんと死に別れてからというもの、明治女の気骨一本でその後の人生を一人で生き抜いてきた。誰の世話になるわけでもなく、自分のことは自分でしながら生きていた。しかし、寄る年波に勝てる人間など一人もいない。どんなに毅然《きぜん》としていても、ぼけるときにはぼけるのだ。

大場さんは、ぼけた。毅然として、ぼけた。ぼけた大場さんは、まるで風呂に入らなくなった。下《しも》の具合も怪しくなってきて、垂れ流し状態になることも多くなってきた。髪を切ることもなくなり、服も着替えないようになっていった。そうして腰の曲がった大場さんは、伸びに伸びたざんばら髪を振り乱し、体臭をこじらせたケダモノ臭と煮しめたようなアンモニア臭をまき散らしながら町で暮らすようになった。その姿は清潔を是《ぜ》とする現代日本において、完全なる妖怪だった。妖怪はそのうち、ガスコンロで暖を取るようになった。そしてたびたびボヤ騒ぎを起こすようになった。さらには大量の食料を買い込み、腐らせ、そのまま部屋に放置して、異臭騒ぎも起こすようになった。妖怪はマンションに住んでいた。マンションの住人にしてみれば、その妖怪ばあさま一人のせいで「もう生きた心地がしない。どうにかしてくれ!」と、そんな話になったのである。

いろんな人がいろんな形で大場さんの元を訪れ、いろんなことを言って大場さんを説得しようと試みた。だがそこは気骨でならす明治女である。誰が行ってもあっさり返り討ちだった。なんてったって大場さんは日露戦争のころから生きている。張作霖《ちようさくりん》爆殺事件も、満州事変も、真珠湾攻撃も、第二次世界大戦も、B29による本土爆撃も、玉音放送も、全部目にして耳にして、そうして今日まで生き抜いてきた。そういうスケールの人なのである。その上ぼけているとなれば、誰も太刀打ちできなくて当然だった。

　そこで声がかかったのが、下村恵美子その人だった。下村恵美子は一風変わった介護専門職だった。誰もが手を焼く「とてつもないばあさま」がいると聞くと、胸が高鳴り、その顔を拝まなければ気が済まなくなるというタイプの社会福祉士だった。それに当時の下村恵美子は、勤めていた老人ホームを辞めたばかりで暇を持て余していた。

　下村恵美子は大場さんの住むマンションにさっそく出かけた。固く閉ざされた玄関の扉からは、すでに悪臭が漏れ出していた。チャイムを押して待つこと十五分。鉄の扉がようやく開いたその瞬間である。

　信じられない臭気が部屋からどっとあふれ出てきた。便臭と腐敗臭とケダモノ臭がカクテルされた強烈なにおいは、色でもついているかのように目に染みた。その臭気をまるで香水のように身にまとい、垢《あか》まみれの服を着た、ざんばら髪の、腰の曲がった、眼光だけは妙に鋭い、夜叉《やしゃ》か、モノノケか、ヤマンバか、そういう姿をした大場さんが出てきた。

「あんたぁ誰ね！　なんの用ね！」

　下村恵美子は一瞬にしてときめいた。今まで出会ったばあさまの中でも、最強クラスのばあさまだったからだ。玄関先で喜びに震えながら、下村恵美子は立ったまま大場さんの話を聞くことになった。

　鼻から息をすると脳が破裂しそうになるその臭気の中で、下村恵美子はたっぷり二時間、大場さんの話を聞かされた。

「で、あんたの用ちゃなんね！」

　話を切り出さなければならないときがきた。下村恵美子は大場さんに言った。

「老人ホームに入りませんか？　老人ホームはよかとこですよ」

　すると大場さんは、下村恵美子をにらみ返し、ものすごい剣幕でこう言い放った。

「なぁんが老人ホームか！　あんたになんの関係があろうか！　あたしゃここで野垂れ死ぬ覚悟はできとる！　いたらんこったい！」

　その激しい剣幕と覚悟の言葉は、下村恵美子を完全にしびれさせた。

「おほぉぉぉ。この都会で野垂れ死にする覚悟で生きとる『ばあさま』がおる。こりゃあその『野垂れ死ぬさま』をなにがなんでも拝ませてもらわんといかん！」

　下村恵美子はさっそく元同僚に電話をかけた。

「超ものすごいばあさまがおるっちゃけど、あんたたちも一緒に付きおうてみらん？」

この世の中には変わり者と呼ばれる人間が少なからず存在する。下村恵美子が電話をかけた永末里美《ながすえさとみ》と中島真由美《なかしままゆみ》も、そうしたタイプの人間だった。

「おぉぉぉ、いいねぇ！」

たとえそれがどんな頼みでも、ふたつ返事で快諾する人間に悪い人間はいない。こうして三人は「介護のできるお手伝いさん」として大場さんの元を交代で訪れるようになった。ホームヘルパーとしてこの強烈なばあさまと付き合い始めたのだ。ところが、である。マンションの一室という閉ざされた空間で展開される「一対一の関係性」は、早々に行き詰まりを見せ始めた。要するに、笑えないのである。笑いが生まれてこないのである。笑える局面があっても、一緒に笑える誰かがいないのである。三人はもっとかしましくやりたかった。にぎやかさが欲しかった。そのためには、ここではないどこか――開かれた世界に舞台を移すしか他に方法はなさそうだった。

下村恵美子は「介護のできるお手伝いさん」をやりながら、心当たりのある施設をかたっぱしからあたってみた。しかし、もらえる返事はまるで判でも押したかのようにいつも同じだった。

「そんな超ものすごいばあさまじゃ困りますね。うちではとても扱えません。連れてこないでください。他の利用者にも迷惑です」

下村恵美子は肉体的に腹を立てるタイプの人間だ。その怒りは、思想とか法律とか理想の社会とか、そういう頭脳的なところからは絶対やってこない。ただ「気にくわない」という感情が大爆発するのである。

「けっ！　ばあさま一人の面倒もみきらんで、なんが福祉か！　なんが介護か！　なんが専門職か！　バカにしくさって！」

そしてそういう感情が、即、行動に直結してしまう人間なのである。

「ああもうわかった！　もう誰にもたのみゃせん！　自分たちでその場ちゅうやつを作ったらよかっちゃろうもん！」

下村恵美子は大場さんという超ものすごいばあさま一人のために動いていた。動かされていたと言い換えてもいい。

実はこの行動原理こそが、今も「よりあい」の基本姿勢になっている。それはつまりこういうことだ。

一人の困ったお年寄りから始まる。

一人の困ったお年寄りから始める。

制度があるからやるのではない。施設が作りたいからやるのではない。思いがあるからやるのではない。夢を実現したいからやるのではない。目の前になんとかしないとどうにもならない人がいるからやるのだ。その必要に迫られたからやるのだ。それは理念ではない。行動のあり方だ。頭で考えるより前にとにかく身体を動かす。要するに「つべこべ言わずにちゃちゃちゃっとやる！」のだ。

下村恵美子は伝照寺というお寺に足を運んだ。浄土真宗本願寺派・伝照寺。このお寺は真の仏道をいくお寺として知られていた。住職は檀家や信者以外の人々にも広く門戸を開き、困った人には救いの手をさしのべていた。たとえば何かの都合ですべての生活基盤を喪失した人。たとえば目指すべき道はあるが、まだ日の目を見ない芸術家の卵。そうした人々を寺に住まわせ、食事を出し、彼らが生活と呼べるものを獲得できるその日まで面倒をみることもあった。下村恵美子が「かくかくしかじかこういうわけで」と住職の奥さんに相談したところ「そういうことなら」と、お茶室を貸してもらえることになった。また、ぼけの入り口に差し掛かっていた住職の母君・轟《とどろき》マツ子さんもそこで一緒に時間を過ごすことで話はまとまった。

残された問題は、大場さんをどう説得するかだけだった。こういうときの下村恵美子は実に冴《さ》えたやり方を思いつく。大場さんにはこんなふうに話した。

「今度、お寺でよりあいがあります。住職さんが『大場さんに来てもらわんと近所の人にかっこがつかん』ちゅうてあります。ここは住職の顔ば立てると思って、一肌脱いでもらえんでしょうか？」

大場さんは明治の女だ。お寺、よりあい、住職、男のメンツに一肌脱ぐ。これだけのことを聞かされて首を横に振ろうものなら、それは明治女の沽券《こけん》に関わる。

「わかった。そげんこつなら、あたしも行かにゃいかんめぇ！」

こうして一九九一年十一月、お茶室でのよりあいがスタートした。それは週に一度開かれる、水曜日だけのデイサービスだった。創設時のメンバーは、下村恵美子、永末里美、中島真由美。女三人での船出だった。

お寺のお茶室で始まった不思議なデイサービスの噂《うわさ》は、奥さん連中のクチコミで瞬く間に広まった。デイサービスを行う施設がまだ少なかった時代だ。ぼけた肉親の介護で困っている人は、思った以上に多かった。また大場さんがそうであったように、施設の利用を断られ、行き場を失っているお年寄りも少なくなかった。伝照寺は文字通りそうした人々の「駆け込み寺」と化し、お茶室から広間、そしていつしか本堂にまでお年寄りたちがあふれるようになった。

介護のやり方も独特だった。一日のプログラムと呼べるものは一切なく、桜が咲いたと聞けば突然花見に出かけ、暑くてたまらないとなれば博物館のロビーに涼みに行き、お茶が飲みたくなったら喫茶店に押しかけて、みんなでわいわいやっていた。徘《はい》徊《かい》と呼ばれ、施設では問題視される行動も、一緒にぶらぶらすればそれは単なる散歩である。リハビリもしない。お遊戯もしない。つまり「余計なことは一切しない」。これを福岡では「いたらんことをせん」という。いたらんことをせんで、同じ時間をともに楽しむのだ。

何も強制されないお年寄りたちは、実に伸び伸びと振る舞った。目を離したすきに納骨堂に侵入し、お供え物のお菓子をパクついたり、木魚を勝手に叩いて違う宗派のお経をあげたりした。観音菩薩に十字を切って「アーメン……」と祈りをささげるクリスチャンの人もいた。まるで村の消防隊員のように、鐘をがんがん鳴らす人もいた。それは鼻血が出るくらいおもしろい光景であったが、おもしろければなんでもいいのかというと必ずしもそうではなかった。寛大な住職は大抵のことなら笑って許してくれたが、お年寄りが増えるに従って、伝照寺の仏事に支障が出始めてきたのは間違いなかった。

もうこれ以上、お寺に迷惑はかけられない。いつまでも甘えるわけにはいかない。自分たちの場は、やっぱり自分たちの手で作らなければならないのだ。その時期が来たのかもしれなかった。

3

三人はデイサービスができそうな物件を探し始めた。手分けして探してみるものの、条件に合う物件はそう簡単には見つからなかった。それに介護施設として利用したい旨を話すと、不動産屋は決まって怪訝《けげん》な顔をするのであった。ひと月がたち、ふた月がたった。

そんなある日のことである。伝照寺のすぐ隣に建っていた古い借家に空きが出るというニュースが飛び込んできた。その借家は住職のお兄さんが所有する物件だった。ロケーションは最高だった。狭いながらも庭付きの一戸建てだった。しかし大正時代に建てられたそれは、築八十年近い物件だった。「古民家」といえば聞こえはいいが、どうひいき目に見ても、それは完全な「あばら屋」だった。近所では「幽霊屋敷」と呼ぶ人もいた。

幽霊屋敷には天井にネズミが住んでいた。そのネズミを狙ってヘビもやって来るらしかった。抜け殻が二階の屋根裏部屋に落ちていた。柱は傾き、雨漏りの跡もあちこちにあった。部屋は昼でも薄暗く、ひんやりと湿っていた。ほこりと湿気の混ざったにおいが、そこはかとなく漂っていた。

中島真由美は正直どうかと思った。永末里美は人ごとのようにおもしろがった。そして下村恵美子は完全に乗り気だった。ここしかないとまで言い出した。言い出したら聞かないことを二人は知っていた。

しかし、このままでは施設として使えない。大幅な改修と改築が必要だった。業者に見積もりを取ると八百万円かかると言われた。三人は腹を抱えて笑った。それぐらい非現実的な金額だった。もちろんそんなお金はどこにもない。借りる当てもなかったし、借りても返せる当てはない。

そのころ伝照寺でのデイサービスは週三回になっていた。残りの四日は特にすることがない。下村恵美子は夜、布団に入って考えた。八百万。八百万。八百万。パートに出て稼ぐには少し金額がでかすぎる。八百万。八百万。八百万。女三人、なんの当てもない。八百万。八百万。八百万。それでも呪文のように唱えていると、頭の中で音楽が鳴り始めた。ペギー葉山の歌だった。

ケ・セラ・セラ〜　なるようになるわ〜

そうかもしれないと思った。考えたところでどうにかなるわけではない。やけくそでもいいから動いた方がまだましだ。半年で五百万円集めよう——実にわかりやすい数字がぽんっと頭に浮かんだ。

ケ・セラ・セラ〜　なるようになるわ〜

五百万円ならなんとか工面できるような気がだんだんしてきた。そこにはなんの根拠もなかったが、ペギー葉山の歌は人をその気にさせるところがあった。でも残りの三百万円はどうする？

ケ・セラ・セラ～　なるようになるわ～
先のことなどぉ～　判らない～

人生、一人じゃうまくいかない。一人の力じゃ冷蔵庫を動かすのだって大変だ。だけどそれが三人ならどうだろう。五人ならどうだろう。十人いたらどうだろう。冷蔵庫は宙を舞うかもしれない。何事も一人でやろうと思うからいけないのだ。みんなでやればいいのだ。みんなでやれば楽しくなる。なるようになるかもしれない。それに世の中には変わり者と呼ばれる人だってたくさんいる。おもしろいことをやっていれば、きっとそういう人が集まってくる。ペギー葉山はたぶん正しい。先のことなど判らない。

下村恵美子は、学生時代の卒業アルバムを引っ張り出して、片っ端から手紙を書いて送り始めた。もはや誰だか思い出せない人もたくさんいたが、そういう人たちにも「元気にしてますか?」と書いて送った（下村恵美子は、そういうことを案外平気でやれる）。電話もたくさんかけた。チラシも作って近所にまいた。もちろん、永末里美や中島真由美も下村恵美子に倣《なら》って同じことをやった。

「今、自分たちはこういうことをしています。力を貸してくれたらうれしいです」

少しずつだが連絡が来るようになった。そのうちのひとつに「正規の流通に乗せられない商品が倉庫に山ほどある。全部持って行かないか?」という話があった。倉庫を訪ねてみると、商品は天井まで伸びた棚にびっしり詰まっていた。ブラジャー、パンティー、アクセサリー。セーター、ブルゾン、スラックス。シャツにパジャマにネグリジェ。靴に靴下、無水鍋。電気ポットに照明機器。くるくるドライヤーに生活雑貨全般。ありとあらゆるものが揃っていた。そのすべてが有名メーカー製の新品だった。不良品や訳あり品などではない。それはメーカーが業者に配るサンプル品だった。

「どうせ処分せにゃいかん商品たい。そういうことに使うんやったら、誰も文句は言わんめぇや!」

四トントラックにぎっしり詰め込み三往復。膨大な量の商品は、伝照寺の倉庫にまるごと移送された。

女三人組は、月水金とデイサービスをこなすと、空いた火木土日の四日間で行商を始めた。地域のお祭り、学校の文化祭、公民館での催しはもちろんのこと、下村恵美子の友人が勤める会社などにも頻繁に顔を出し、バンバン商品をさばきまくった。「商店街の棚卸しでいただだいた商品でございまーす」とか「倒産した会社から寄付をいただいたものでーす」とか「あら、奥様。そのブラウスお似合い！」とか「五歳は若返って見える！」とか「レナウンのパンツはお腹に食い込まないからいいですよ」とか、実に適当なことを言いながら、三人は行商に精を出した（下村恵美子と永末里美は、そういう才能にも傑出したところがあった）。

地域の住人から寄せられた不用品は、バザーを開いて売った。寄せられた不用品の中には——信じがたいことに——人間国宝「十四代・酒井田柿右衛門」の茶碗などもちょいちょい混じっていた。そういうお宝が格安で売られるとあって、バザーには黒山の人だかりができるようになっていった。

そうして毎日が慌ただしく過ぎていった。人間は実に不思議な生き物だ。私利私欲のためではないことに汗を流している人の姿を見ると、一肌脱ぎたくなる人が出てくる。バザーの手伝いを買って出る人がいた。チラシを一緒に配る人が出てきた。高額の寄付も寄せられるようになった。協力者は少しずつ増えていった。そして気がついてみると、三人は本当に半年で五百万円もの資金を集めてしまっていたのである。

ケ・セラ・セラ〜　なるようになるわ〜

先のことなどぉ〜　判らない〜

ペギー葉山はやっぱり正しかった。懸案だった残りの三百万円は、材木問屋を名乗る女性からの一本の電話ですべて解決した。

「新聞であんたたちのことを読んだ。材木でよかったらいくらでも持っていってよかけん、いっぺん来てみらんね！」

大工の棟梁を連れて材木問屋に飛んでいくと、女将《おかみ》さんは下村恵美子にこんなことを話した。

「自分は親がぼけたとき、なんもできんで死なしてしもうた。病院で苦しんでいたのに、なんもしてやれんかった。それが心残りで仕方ない。だから自分はいつか、あんたたちがやりよるようなお年寄りの居場所を作って、そこで罪滅ぼしやないけど、お世話をしてみたいと思いよった。あんたたちは、私がしたいと思いよったことをもうしよる。だけん、あんたたちには何が何でも頑張って続けてほしい。そして自分たちのお手本になってほしい」

同行していた棟梁は唸った。

「俺も長年大工やりよるけど、材木がタダとか初めてぜ」

こうして幽霊屋敷は施設として使える姿に生まれ変わっていった。もちろん三人は単なる「施設」にするつもりはなかった。どうせなら楽しく過ごせる「場所」にしたかった。温泉好きの三人は風呂にこだわった。ＮＨＫ厚生文化事業団からいただいた百万円に五十万円を追加して、特注のひのき風呂を奮発した。この風呂でお年寄りたちと裸のつきあいをしようと思った。改築は終わった。


開所前日のことである。三人は自分たちの施設に名前がないことに気づいた。すっかりそのことを忘れていたのだ。大場さんにお伺いを立てると「あちゃら語の名前はつまらん！」と言われた。もう時間もなかったし「お寺のよりあい」のふりをして始めたことだから「託老所よりあい」でいいやという話になった。紙に名前を書いて見せると大場さんにどやされた。

「年寄りば託するちゃどげんことな！　あんたたちゃ、そげんふうに年寄りば扱《あつこ》うとな！　この一文字が気に喰わん！　もう少し頭ば使《つこ》うて考えんしゃい！」

なるほどそれは一理ある。話し合いの結果はこうだった。

「なんか自宅に近い雰囲気だから『託』を『宅』にすればそれでいいんじゃない？」

今でもそうだが、こういうことに関してはかなりいい加減なところがある。最初に作った看板も、長さの違う五本の丸太を荒縄でしばり、そのうちの一本に「宅老所よりあい」と書いて土に立てただけのものだった。長さが不揃いだったのは、近所の庭に転がっていた廃材を再利用したものだったからである。

こうして「宅老所よりあい」は一九九二年十一月、住宅街の民家で本格的なスタートを切ることになった。伝照寺のお茶室でデイサービスを始めてから、ちょうど一年の歳月が流れていた。その後、「第2宅老所よりあい」「第3宅老所よりあい」が開所することになるのだが、その開所までのいきさつは基本的に同じだ。

一人の困ったお年寄りがそこにいた。

それが理由である。

4

僕がそんな「宅老所よりあい」と出会ったのは、二〇一一年十月のことだった。別に介護の世界に興味があったわけではない。フリーの編集者という仕事は、依頼があればどんな現場にも出かけていくことになるヤクザな稼業だ。特に、ひまっ子、売れなさすぎっ子、干されっ子の僕に「仕事を選ぶ」などという贅沢は基本的に許されてはいない。

とにかく二〇一一年十月のある日のことである。めったに鳴らない僕の携帯電話に着信があった。

「村瀬孝生という男を知ってるか?」

電話は新聞社の書籍編集部に勤める男からのものだった。僕は「知らん」と答えた。エレキギターの写真を眺めながら。

「じゃあ『宅老所よりあい』の存在は?」

僕は「知らん」と答えた。エレキギターの写真を眺めながら。

「介護の世界に興味は？」

僕は「エレキギターの世界に夢中だ」と答えた。エレキギターの写真を眺めながら。

「そんなことは誰も聞いてない！」

書籍編集部の男は強い口調で僕の話をさえぎった。エレキギターの世界の話など聞きたくないという様子だった。そうして仕事の話を一方的に始めた。

依頼はこういう内容だった。

自分は村瀬孝生の書く文章のファンである。介護の世界、とりわけお年寄りと「よりあい」で過ごす日常を描いた文章は秀逸で、唯一無二のものである。これだけのものが書ける人間はそうはいない。ついては当編集部で、村瀬孝生の本をなにがなんでも出したいと考えている。うまい具合に未刊行の連載原稿がちょうど一冊分ほど自分の手元にある。これをうまく編集したいのだが、どうだ、やってもらえないか？

そんなに好きなら自分でやればいい。喉まで出かかったその言葉を僕は飲み下した（エレキギターの写真を眺めながら）。ただでさえ少ない仕事をこれ以上減らしたくなかったからだ。仕事、大いに結構。ギャラ、大いに結構。金額の詳細についてては明らかにされなかったが、男の口ぶりから察するに「それなりの額」はいただけそうな気配だった。オッケー。「村瀬孝生」のことにも「よりあい」のことにも「介護」のことにも特に興味はなかったが、僕はその仕事を二つ返事で受けることにした（エレキギターの写真を眺めながら）。

「ひとつ事前にやってもらいたいことがある」

と男は言った。

「顔合わせを兼ねて『よりあい』が主催する『老楽講座《おいらくこうざ》』に参加してほしい。『老い』や『ぼけ』や『介護』の話を、村瀬孝生がそこでする。その話を聞いて概要を把握し、おかしなことを口走らないで済むような人間になっておいてほしい」

そして男は「よりあい」とすでに関係しているようなことを僕に語り始めた。「よりあい」がいかに素晴らしい介護をしているか、そして村瀬孝生という男がどれほどの情熱と誇りを持ってその仕事に臨《のぞ》んでいるか、さらにその活動を支える家族や関係者がどのようにかかわっているか。その関係者の一人が「何を隠そう自分である」というような「うっとおしい」ことまで僕に話しだした。

それは熱病にかかった人間の語り口だった。男はどうやら「よりあいの世界」に夢中らしかった。何かにつけてかぶれやすい男だったので、いい皮膚科を見つけたら教えてあげよう的なことを、思ったり思わなかったりした（エレキギターの写真を眺めながら）。

結論から言うと、村瀬孝生の本がその新聞社から出版されることはなかった。出版されなかった理由はいくつかある。ひとつはもちろん僕のせいだ。連載原稿をまとめるという案をボツにして、書き下ろしの本にこだわったのだ。僕はまだ書かれていない、誰も読んだことのない村瀬孝生の原稿が読んでみたかった。しかし村瀬孝生も実に悪い。どれだけおだてても、村瀬孝生はその原稿をただの一行も書かなかったのだ（まあ、いろいろあったのだ）。

本が出ないことがわかると、書籍編集部の男は「よりあいの世界」からさっさと姿を消してしまった。きっといい皮膚科を見つけたのだろう。もしくは別の世界にお熱になって、またかぶれてしまったのかもしれない。以降、その男からは何の連絡もない。もちろん、仕事の依頼もない。こうして僕は、またしても取引先を失い仕事を干されっ子になったわけだが、その代償として、村瀬孝生と仲良くなった。

村瀬孝生とはどういうわけだか馬が合った。僕はとても偏屈な性格で、人当たりもいいとは言えず、第一印象は最悪という、まあ何を考えているのかわからない深海魚のような人間だ。光の差さないどんより暗い海底で、額からぶら下げた小さなちょうちんに、「豆電球を灯《とも》して生きている。そんな暮らしが楽しいかと問われれば「まあね。まあまあね」とかなんとか笑って答えるような意地っ張りのへそ曲がりだ。そんな人間の一体どこに可愛げがあるというのだろう。おまけに、とても意地の悪いことをおもしろおかしく口にする悪いくせまであるのだ。本当にどうしようもない。ところが村瀬孝生ときたら、そんな僕をとてもおもしろがってくれたのだ。

ちょうちんあんこうという生き物は実に調子に乗りやすい。僕は豆電球を灯したちょうちんを、ぶんぶん振り回すようになった。村瀬孝生は猫じゃらしを見せられた猫のように、ぶんぶんそれに飛びつくようになった。そうしたやり取りはいつしか「よりあい」だけでは収まらなくなり、村瀬孝生は僕の家に遊びに来て、ついには泊まっていくようになった。一番風呂を浴び、僕のパンツとパジャマを着てヱビスビールを飲み、夕飯をたいらげ、トイレでうんこをし、ひたすらバカバカしい話を眠たくなるまで続けると、僕の家で一番新しい布団にくるまって眠り、朝には姿を消していた。

村瀬孝生はコアラに似ていた。コアラにおかっぱのかつらをかぶせ、マジックで思いっきり太い眉毛を描くと、それが村瀬孝生である。村瀬孝生は介護の世界ではとても有名で人気のある男だった。人望のようなものもあった。その温厚な風貌には、温厚な声と温厚な語り口が自然に備わっていて、講演会などで話を始めると、聴衆はたちまち心地よくなってうっとりしてしまうのであった。講演で話すのは「ぼけの世界」で繰り広げられるお年寄りたちとのエピソードが中心で、たとえばこんな感じの話をこんな感じで話す。

＊

スミエさんというおばあちゃんがいらっしゃるんです。

ちっちゃくてかわいいおばあちゃんなんですけど、職員の肩をよく揉《も》んでくださるんですね。

僕もほんと、よく揉んでもらいました。

でも僕……なんて言うんですかね。

最近、つむじのあたりの髪の毛が薄くなってきてましてね。

O型ハゲって言うんですかね。

だから僕、肩を揉んでもらいながら、スミエさんに尋ねたことがあったんです。

「ねえ、スミエさん。僕、ハゲてませんか？」って。

そしたらスミエさん、気をつかわれたんでしょうね。

こう言いんしゃるんです。

「……これは、広場よ」って。

「いやいや、スミエさん。こんなところに広場はないでしょ。スミエさん、よく見てください。やっぱり僕、ハゲちゃってますよね？」

もうね、ますますスミエさん、気をつかいんしゃってですね。

「……こ、これは、始まりなのよ」って。

やさしいですよね。「広場」に「始まり」ですよ。ね。

まあ結局は、ぼけたお年寄りが見ても、僕の頭はやっぱりハゲてるってことになるんですけどね。

でまぁ、そこで話が終わればよかったんでしょうけど、スミエさん、さらに気をつかわれましてですね。

僕のその広場を、その始まりのところをですよ。

爪で思いっきりガンガンガンガン！　って。

「スミエさん！　もうそれはお気持ちだけ！　お気持ちだけ！　スミエさん！　スミエさん！」

スミエさんにしてみれば、なんとか僕の髪の毛を生やしたい一心だったんでしょうね。だけど、あとで手鏡で見てみたら、僕の広場のあちこちには血が滲《にじ》んでおりました。

ちなみに村瀬孝生の講演は、そのタイトルを「ぼけても普通に暮らしたい」という。

＊

下村恵美子と初めて話をしたのは、村瀬孝生と仲良くなって少したってからのことだった。突然大きな声で昔の歌謡曲を歌ったりするので、変な人だと思ってあまり近くに寄らないようにしていたのだが、「よりあい」に足繁く通うようになると、なかなかそうもいかなくなった。

もちろん向こうは向こうで、僕の動きに警戒している節《ふし》があった。というのも「よりあい」には今までたくさんのマスコミ関係者がやって来ていて、やれ「宅老所よりあいは素晴らしい」だの、やれ「介護の世界を変えた」だの書いたり言ったりするもんだから、下村恵美子はもうそういうことすべてにうんざりしていたのだ。どうせこいつもまた根掘り葉掘り何かを聞き出そうとするに違いない。そしておべんちゃらをたくさん言うに違いない。そういうふうに思っていたのだろう。

ところがいつまでたっても、このおかしなチンチクリンは何も聞いてこない。二か月たっても三か月たっても仕事らしい仕事をしている感じがまるでしない。カバンから怪獣のおもちゃを取り出し、職員に見せびらかして喜んだりしている。新聞の折り込みチラシだけを熱心に読んだり、何杯もお茶をおかわりして饅頭《まんじゅう》を人より余計に食べたりしている。挙げ句の果てには、「おちんち」と書いてあるノートを隣に座っているお年寄りに見せて、その寸止め感に反応があるかどうかを試したりしている。

おそらくそういう不謹慎な振る舞いが、下村恵美子の目に留まったのだろう。ある日のこと、僕は下村恵美子に呼び止められた。

テーブルに向かい合わせに座った僕は、叱られるのだとばかり思っていた。僕はどこに行っても大抵叱られる。あるいは苦言を呈される。いかがなものかと、お小言をいただく。場合によっては、どやされる。

しかし下村恵美子は違った。そんな小さなスケールの人間ではなかった。下村恵美子は小さな目のようなもので僕の顔をのぞき込むと、こんな話を持ち出したのである。

「ねえ、鹿子さん。今度ね、地行の『よりあい』に来るとき――ほら、あなた原付バイクで来るじゃない。そんときにさ、ちんちん出して来てくれんかな?」

「はぁっ⁉」

「いやね、最近の地行の『よりあい』は、なんかまじめすぎておもしろくないけんさ、あなたがちんちん出してバイクで乗り付けて、ほんで縁側の方から入ってきてもろうたらいいなあって、ちょっと思ったんよ」

「僕にちんちんライダーになれってことですか?」

「そうそう。ヘルメットはかぶっとるのに、下半身すっぽんぽんでバイクが来たら笑うやろ? 年寄りも絶対そういうの好きやけんさ。ね? ちんちん出して来てくれん?」

「いや、ちんちん出してバイクとか乗ったら、絶対警察に捕まりますって!」

「いいやんそれぐらい。ね、バイト代はちゃんと出すけんさ。ね? ね? で、これは希望なんやけど、ちんちん出して乗り付けるときにさ、いっぺん庭でこけてもらうとさらにおもしろいっちゃないかって思うんやけどさ。ね? ね? バイト代はちゃんと出すけんさ。ね?」

結局、僕がちんちんライダーに変身することはなかったが、その後、僕と下村恵美子は急速に仲良くなっていった。村瀬孝生同様、下村恵美子も僕の家に遊びに来るようになり、そのうち冗談のわかる人々を誘って、僕の家でスキヤキパーティーを開くまでになっていった。下村恵美子は食いしん坊で、おいしいものやおいしい店をたくさん知っていた。調達してくる牛肉はサシのたくさん入ったA5ランクの肉だったし、外に行く機会があると——たとえばそれはたこ焼きだったり、もつ鍋だったり、ウニ丼だったりするのだが——そういうものを僕におごってくれるようになった。

5

そういうふうにして、僕はいつのまにか「宅老所よりあい」に巻き込まれていった。もう村瀬孝生の本は出ないのだから、仕事という観点で言えば、とっとと姿を消した方が身のためなのかもしれなかった。けれど、情というのはおそろしいもので、たとえば村瀬孝生が何かに困っている、下村恵美子が力を必要としている、そんな話を聞けば二人は僕の友だちだし、やっぱりなんだか落ち着かなくなる。口ではぶうぶう言いながらも（僕はすぐぶうぶう言う）、出かけていってあれやこれやと手伝いの真似事をする。そうして気がついてみれば、僕は完全に「世話人」の一人になってしまっていた――とまあ、そういうわけである。

「宅老所よりあい」には、「世話人」と呼ばれる人々がいた。「よりあい」の活動を陰で支える支援者、と書くとわかりやすいのだが、実態はそれほどかっこいいものではない。腐れ縁をこじらせて、もはや惰性で付き合っている人々、と書いた方がニュアンス的には近いかもしれない。

そんな世話人の大多数を占めていたのは、素敵なマダムたちだった。それも鍋であずきを煮て「おお、よう炊《た》けとるわ」とか言いながら、つまみ食いをするタイプのマダムたちである。ティッシュをテッシュと発音したり、ちり紙と呼んだりするタイプのマダムたちである。総じて声が大きく、大きな口を開けてケタケタ笑うタイプのマダムたちである。食後にはコンパクトを取り出して、歯になにか詰まっていないかどうかをチェックするタイプのマダムたちである。トイレに立つ際には「ちょっと便所行ってくるけん」といちいち断りを入れ、「ああこらいかん、こらいかん」と肛門からガスが漏れる音をぷうぷう外まで響かせるタイプのマダムたちである。そういう素敵なマダムたちが約二十人ほどいると思っていただければいいだろう。

その一員に僕は加えられたのである。正直、慣れるまでは地獄だった。しかしいったん慣れてしまうと、素敵なマダムたちほど心強い仲間はこの世にいなかった。レディの最終形態は、とにかく理屈なんかどうでもいいのである。「よりあい」に何か困ったことが起きるたびに、

「ああ、もうそりゃせんといかんっ！」

そのひと言で即行動に移すのである。そういうマダムたちが（もう一度書いておくが）約二十人ほどいるのである。事が始まれば、そこはすぐに濁流である。轟々《ごうごう》と音を立てる濁流である。僕はいつしかその濁流に飲み込まれるのを、おもしろがるようにもなっていた。『インディ・ジョーンズ』と同じだ。穴のあいたボロ船に乗って濁流を下っていれば、ドラマは嫌でも向こうからやってくる。

そしてこれは後で知ることになるのだが、僕が世話人になったその時期は、「宅老所よりあい」がその歴史上もっとも大きな困難に直面していた時期と完全に重なっていたのである。

つまり僕は史上最大級の大濁流に飲み込まれていたのである。

02

濁流うずまき 突入篇

1

「宅老所よりあい」にとっての二〇一一年は――それをもし挑戦と呼ぶのであれば――無謀すぎる挑戦に打って出た、その始まりの一年だったように僕は思う。

「僕らだって、やらなくて済むんだったら、こんなことやりたくないんですけどね」

村瀬孝生はそのころ、頭をぽりぽり掻《か》きながら、そんなことをよく言っていた。

「厄介なことが増えるだけだ」と嘆いてもいた。そして休みもろくすっぽ取らずに、とにかくよく働いていた。少なくとも僕の十三倍は働いていた。

「宅老所よりあい」は、吹けば飛ぶような小さな施設だ。下村恵美子の言葉を借りるなら「日本一貧乏な運営をしている施設」である。貧乏な運営とは、つまりまるで儲《もう》からない仕組みになっているということだ。黒字が出るどころか、赤字を出してしまうことだってあるということだ。むしろその可能性の方が高いということだ。

利用者は多いのに、なぜそんなことになってしまうのか。簡単な話だ。「よりあい」はお金にならないことに付き合いすぎるのだ。

たとえば「よりあい」にはこんな利用者が通っている。その人はおじいさんと呼ぶにはまだ若い。立派な体格をしていて力も強い。針金のように硬い髪を雷様のようにごわつかせている。そして誰がどんなに優しく接しようとも、激しい暴力をふるう。足で思いっきり蹴られるし、拳《こぶし》で思いっきり殴られる。皮膚の薄い部分に爪を立てられ、ねじ上げられる。服はずたずたに破られるし、大声で罵倒もされる。「よりあい」にいる間中、室内をうろうろうろうろ歩き回り、その際には必ず一人の職員をがっちり確保して、まるで生《い》け贄《にえ》のように引きずり回す。

うら若き女性職員は、目の周りに青アザを作っていた。眼鏡の上から殴られたのだ。腕や足には無数の内出血の跡があり、事情を知らない人からは「ＤＶに遭《あ》っているんだったら、早めに相談した方がいい」と心配される。

トイレ介助は必ず二人がかりだ。いや、三人がかりのときの方が多い。ズボンを脱がそうとすると、激しい抵抗を受けるらしい。トイレからは罵声と、ひたすら謝る職員の声と、やはりなんらかの暴力が行使されている音がする。入浴介助はさらに命がけだ。思いっきり蹴り飛ばされた女性職員が、風呂場の扉を突き破って、脱衣所に転がり出てきたこともある。

その人は、若年性アルツハイマーと診断されていた。若年での発症はきつい場合が多い。脳の疾患は、その人を錯乱状態にさせていた。目に付くものすべてが気に入らない。耳にするものすべてが気に入らない。周りにいる人間すべてが気に入らない。座ることもできなければ、落ち着くこともできない。あちこちの施設で利用を断られ、精神科への入院を勧められ、まともな対応をしてもらえないまま、途方に暮れた家族は「よりあい」に相談を持ち込んだのだった。

「鉄格子のはまった檻《おり》のような病棟に入れることは簡単です。薬漬けにして骨抜きにしてしまえば、おとなしくさせることも簡単でしょう。けれど、私たちにとってはたった一人の父親です。アルツハイマーさえ発症しなければ――父はとても優しい人でした。穏やかで家庭的な人です。だから、せめてデイサービスだけでも、こちらで引き受けていただくわけにはいきませんか?」

介護に疲弊した家族が、涙を浮かべながら窮状を訴えるとき、施設はその存在意義と力量を問われる。専門職として、その専門性が試される。この仕事を生業《なりわい》とする者が、今、自分たちに何ができるのかを突きつけられる。

「宅老所よりあい」の介護は、一人のお年寄りからすべてを始める。その人の混乱に付き合い、その人に沿《そ》おうとする。添うのではない。沿うのだ。ベタベタと寄り添うのではない。流れる川に沿うように、ごく自然に沿うのだ。自然に沿う以上、こちらの都合で流れをせき止めてはいけない。流れを変えてもいけない。ひとつひとつの川には、それぞれの流れ方がある。海に至るまでの道のりは、ひとつとして同じものはない。

全職員で話し合うことになった。安易なヒューマニズムだけでは、早々に白旗を上げることになるだろう。受けるか、受けないか。それは現場の職員にとって、覚悟を必要とする判断だった。いつ収まるか知れぬ激しい混乱と、その混乱から来る暴力に果たして沿うことができるのか。引き受けるとすれば、どんな介護が自分たちにできるのか。家族は今、ギリギリの線で持ちこたえている。昼間の時間だけでも解放されれば、家族は在宅での介護を続けることができるかもしれない――。

その人は、そういう経緯をたどって「よりあい」の利用が始まった人だった。ものすごい迫力の人だった。僕はその人の猛《たけ》り狂っている姿を何度も見たことがある。連れ回している女性職員の頬《ほお》を容赦なく張る。腕を肘《ひじ》からねじ上げ、手首まで逆さにひねる。胸ぐらをつかみ、罵倒しながら揺さぶる。女性職員は「服を破るのだけは勘弁して」と懇願していた。そしてまた頬を思いっきり張られていた。

助けに行かなくても大丈夫なのかと、僕は隣に座っていた別の女性職員に尋ねた。

「うん、まだ大丈夫ですね」と涼しい顔をしている。そして何かを思い出したかのように、カーディガンの袖をまくって僕に見せた。腕には噛《か》まれた跡が紫色のアザになってくっきり残っている。見事な歯形だった。昨日やられたのだという。その女性職員は笑いながら言った。

「ね、きれいに残ってるでしょ？　歯が丈夫なのも考えもんですよね」

そうしてその女性職員は、もう午後二時を回ろうとしているのに、まだ食事の真っ最中である別のお年寄りに沿い、小さく刻んだおかずをスプーンにすくって口に運んでいた。

「卵焼きです。おいしいですよ。食べますか？」

お年寄りはうんとうなずき、歯のない口をゆっくりとあけていた。

混乱に付き合い、人に沿う。

文字にすれば十文字程度で済むことも、やろうと思えば千里の道を行くが如しだ。

職員の数も必要だし、時間もかかる。それは人手と根気がいる「効率とは無縁の世界」にあるものだ。それでいて、いただける介護報酬は——職員目線のプログラムを組み、効率的な介護をする施設と——同じなのである。

下村恵美子がときどき使う「日本一貧乏な運営をしている施設」という表現は、幾分自虐的ではあるものの、決して大げさなものではない。

赤字を補塡《ほてん》するために「よりあい」の職員は本業以外のことにも精を出す。貧乏暇なしとはこのことだ。年に二度ほど開かれる大規模なバザーの運営はもちろん、夏になれば地域の夏祭りにたびたび店を出して、子ども相手に「光るおもちゃ」を売る。休日返上で厨房に立ち、季節の果物を使ったオリジナルのジャムを作って売る（そのバリエーションは四十六種類もある）。村瀬孝生は講演に出かけて講演料を稼ぐ。講演終了後にはカンパを呼びかけ、オリジナルTシャツや本を並べて売る。そうして集めたお金が、不足する施設の運営費になり、自分たちの給料の足しになる。そこまで含めて「よりあい」の仕事なのだ。

挑戦の話に戻そう。「やらなくて済むんだったら、やりたくなかった」挑戦の話だ。

2

二〇一一年のことである。「宅老所よりあい」は特別養護老人ホームの建設に向けて重い腰を上げた。このまま放っておくと、そのうちどえらいことになる。にっちもさっちもいかなくなって、お年寄りも職員も共倒れになる。そうなることはもう目に見えている。やるなら今しかない。やりたくないけど、やるしかない。それは「よりあい」にとっても苦渋の決断だったのだと、僕はずいぶんあとになって聞かされたことがある。

「よりあい」が特養建設に乗り出した理由は、まじめに言うと三つある。

理由その一。施設が使えなくなった。

地行にある「よりあい」には、デイサービスを行っているボロ家（元幽霊屋敷だったアレだ）のすぐ裏手に、グループホームとして使っている「もう一軒のボロ家」がある。二つのボロ家は同じ時代に建てられたもので、造りも間取りもよく似ている。双子の老姉妹といった佇《たたず》まいだ。この気分のいい二つの建物は、渡り廊下と屋外デッキとで連結されていて、今ではまるでひとつの建物のように活き活きと機能している。

その気分のいいグループホーム側のボロ家が、ついに使えなくなってしまったのだ。正確に書くなら、グループホームとして使ってはいけなくなってしまった。法律の基準が厳しくなり、消防署から「耐火建築物として不適合」という判断を下されてしまったのだ。

なにしろ古い木造の民家だ。十分な乾燥を経たボロ家の建材は（消防署員のご指摘通り）良質な薪《まき》と同じである。一度火がつけば、さぞかしよく燃えることだろう。さすがに住宅街のど真ん中で盛大な火柱を上げるわけにはいかない。火事になればお年寄りの命に関わる問題だし、ご近所にも多大な迷惑をかけることになる。

どんなに味のある気分のいい建物でも、法律上不適合とされた以上、「グループホーム閉鎖」の判断を下すより他はなかった。これぱっかりは、もう本当にどうにもならない問題だった。だが、このグループホームで暮らしているお年寄りたちはどうなる。「もうできませんから」で放り出すのか。「よそをご利用ください」で許されるのか。

理由その二。介護を取り巻く事情が変わった。

「よりあい」は、ぼけたお年寄りの生活を支える施設である。もちろん、ここで言う「支える」は「管理」を意味する言葉ではない。起床から就寝まで、誰かが決めたプログラムで完全に管理されながら生きるなんて、そんなの誰だって嫌に決まっている。ぼけたお年寄りだってそれは同じだ。「一人の生活者」として生きたいと思っている。だから「よりあい」はお年寄りの目線に立って「生活」を考える。すると実にいろんなことが見えてくる。たとえその施設がどんなにいい介護をしようとも、そして快適な設備を整えていようとも、自宅に勝る居心地のよさは提供できない。そう考える。そう考えるからこそ、「よりあい」は入所ありきでは動かない。住み慣れた自宅での生活が少しでも長く続けられるような支援をまず最初に考える。家族と力を合わせ、地域と連携し、孤立を防ぐために動く。ぼけたお年寄りを施設に囲い込み、見えない存在にしてしまうのではなく、僕らと同じこの社会で暮らせる環境を整えようとする。

そうすることで、老人介護の問題を日常の世界に返そうともする。

それが「よりあい」の基本的な姿勢であり、「ぼけても普通に暮らしたい」の意味するところでもある。

多くのお年寄りは「通い」から施設の利用が始まる。「通い」とはデイサービスのことだ。もちろん、お年寄りは喜んで来るわけではない。自分で進んで来るわけでもない。見ず知らずの人間しかいない、見ず知らずの場所に、わけもわからず（本人からしてみれば半分だまされたような形で）連れてこられるのだ。そんなことをされて「ああ愉快だ」と思う人間はこの世にはいない。

「わたしをどうしようっていうんだい！」

そう思う方がむしろ真っ当である。だからお年寄りは激しく混乱している。疑心暗鬼にさいなまれている。何かされるんじゃないか、お金を巻き上げられるんじゃないか、そう思って警戒している。

お茶を出されても口にしないお年寄りがいる。カバンを握りしめて片時たりとも放さないお年寄りがいる。逃げ出そうとするお年寄りもいる。職員がにこにこ近づいてきても、「だまされてなるものか」と緊張している。

介護専門職はそういう状態から、その人との関係を一から作っていくことになる。そしてそこに専門職としての職能をいかんなく発揮させることになる。たとえその日うまく信用してもらえたとしても、悲しいかな、相手はぼけている。さよなら。またあしたね。にこやかに送迎できても、翌朝になればそのささやかな記憶はリセットされてしまっている。

「わたしをどうしようっていうんだい！」

そんな毎日の連続は、一見、何もかもが水の泡という「徒労の日々」のようにも見える。けれど「よりあい」は、その混乱にまた一から沿う。繰り返すことを繰り返し続ける。

そうすることで、短期記憶は（溶けやすい雪もいつかは静かに降り積もっていくように）少しずつ積み重なっていく。ここに通ってくることが、ひとつの「習慣」として認知されるようになる。職員やそこに集うお年寄りたちとも、いつしか顔見知りになり、場所にも雰囲気にも少しずつ慣れて落ち着き、本当の意味で「集《つど》える」ようにもなる。その折り合いがつく日を、無理強いすることなく、ひたすら辛抱強く「待つ」のだ。

「通い」を始めたお年寄りは、いつしか「泊まり」を必要とするようになる。たとえば家族が病気で介護できないそんな日や、不意の留守をすることになったそんな日に。家族としては、見知らぬ施設に預けるよりも「よりあい」にお願いできたらという話になる。家族の気持ちもよくわかる。見知らぬ施設に泊まることになれば、お年寄りが夜中《よるじゅう》抱えるだろう混乱と緊張は容易に想像できるからだ。

通所施設として認可されている「よりあい」は、その「泊まり」を「自主事業」で行ってきた。「自主事業」でやる以上、介護保険からの報酬は当然ゼロである。つまりそれは「まるで儲からない事業」ということだ。「通い」でいただいている介護報酬だけで、「泊まり」のことまで面倒をみている経営状態と言い換えてもいい。

なぜそんな真似をしたかについては、介護保険制度の仕組みを長々と説明しなくてはいけなくなる。まあ簡単に言ってしまえば、今の制度を使ってしまうと、そうした家族の要望に対応しづらい仕組みになっているということだ。それぐらい今の介護保険制度は、利用者や施設の意向からずれたものになっている。きっと何を言っても聞こえないふりをする横着なバカがつくった制度なのだろう。

まあそれはともかく、「泊まり」の利用者が一人でもいれば、職員が宿直または夜勤という形で泊まり込むことになる。手当として支払うべき人件費は、当然増える。「いざとなったら」という限定的なものであれば、それぐらいはなんとかやりくりすることもできただろう。しかし「泊まり」の利用が急速に増え始めて以降、そして「住む」という状況に限りなく近いお年寄りが増え始めて以降、「よりあい」の経営状態は日に見えて悪化していった。

理由その三。職員が疲弊《ひへい》した。

在宅生活の支援は、職員がどれだけきめ細かく心を砕いても、必ずいつかは限界が訪れる。一人暮らしのお年寄りは、ぼけと老いの深まりによって自宅での生活が徐々に困難になっていくし、家族と同居しているお年寄りも、十年二十年と歳月を重ねていくうちに、今度は支えていた家族が老いの時期を迎えるようになっていく。いわゆる「老老《ろうろう》介護」というやつだ。

「泊まり」の利用が急速に増えたのは、高齢化社会が抱える必然でもあった。本日の「泊まり」利用者は七人。そんな日が当たり前のように続く状態になっていけば、職員の肉体的精神的負担も当然重いものになっていく。職員一人あたりの夜勤日数は、増えていく一方だった。過重労働。なかなか寝付かないお年寄りのケアに忙殺され、夜勤の間に済ませるはずだった書類業務は自《おの》ずと後回しになり、仮眠もろくに取れず、恐れていた長時間労働もいつしか常態化するようになっていった。

そんな中で職員は、施設存続のために、絶えることのない資金稼ぎにも励まざるをえなくなった。それはただでさえ少ない休みを犠牲にして行われることがほとんどだった。

当然のことながら、体調を崩す職員が出始めた。「自分には無理です」と辞める職員も増えていった。施設全体に疲弊が色濃く充満し始めた。

やればやるほど自分たちの首を絞める。このままの運営を続ければ、そう遠くない将来、「よりあい」は確実に潰れてしまう。職員とお年寄りが共倒れになって崩壊する。絵空事ではないカタストロフの波が、もうそこまで押し寄せていた。

3

そんな状況の中、なにも知らずにのこのこやって来た「大バカ者」が僕だった。僕は本当になにも知らなかった。知っていたら近寄らなかった。口笛を吹いてへらへら歩いたりもしなかった。僕は仕事こそ暇にしていたが、プライベートに関して言えば、これでも結構忙しい人間だった。読みたい本もたくさんあるし、怪獣やエレキギターの観察にも時間を割《さ》かなければならない。革ジャンにも興味があるし、バイクの改造にもできれば着手したいと思っている。僕のやりたいことは、まるで世の中の役に立たないことばかりであり、そしてお金のかかることばかりだった。要はのこのこ「よりあい」なんかにやって来なくても、僕はすでに充分すぎるほどの「大バカ者」だった、というわけだ。

まあ、そんなことはどうでもいい。まじめな文章が続いたので、ちょっとふざけてみただけだ。さっさと話を進めよう。

＊

「よりあい」では月に一度、「世話人会」と呼ばれる会合が開かれていた。職員と世話人が集まって、今後の運営方針を話し合ったり、よくわからない酒盛りをしたりする会だ。世話人の多くは――もうマダムと書くのも飽きてきたので、おばちゃんと書くが、強烈なおばちゃんと書くが、おばちゃんと書くが、おばちゃんのエキスが骨まで染《し》みたおばちゃんの中のおばちゃんと書くが、もしおばちゃんと書いて何か失礼に当たるようなら心優しきモンスターと書くが、とにかくおばちゃんだ。そのおばちゃんだらけの世話人会では、お金をどうやって工面するのか、その話題で持ちきりだった。

実にいろんな案が飛び出した。年末ジャンボ宝くじを共同購入して一等前後賞を引き当てようという一発逆転型の案から、若い女性職員が中洲《なかす》のキャバクラでバイトをするというメチャクチャな案まで（本当にそんな案が出たのだ！）、なんなら私がキャバクラで働いてもいいという還暦を過ぎたおばちゃんもいたりして、もうそうなってくると「キャバクラ嬢には一体どういう人が向いているのだろう？」とか、そういう方向に話が転がってしまうので、このころの世話人会はだいたい収拾がつかなくなっていた。夜の七時から始まる会は、十時すぎまで続くこともあった。

そんな時間までみんなで知恵を出しあっていたのは、「よりあい」が土地を買うことになったからだった。その土地に「特別養護老人ホーム」を建てるのだという。「よりあい」は世話人や利用者家族を交えた話し合いを続けていく中で、もうその道を選ぶより他はないという判断をしたらしかった（僕が「よりあい」に顔を出し始めたころには、もうそういう方向で話が進んでいた）。

村瀬孝生は言った。

「僕たちは、老人ホームに入らないで済むための老人ホームを作ります」

「よりあい」が購入を考えているという土地は、福岡市城南区の別府という住宅街にあった。別府と書いて「べふ」と読む。どこにでもある典型的な住宅街で（道幅が狭いこととキリスト教の墓地があることをのぞけば）、特にこれといった特徴はない。木造モルタル二階建ての家がたくさん軒《のき》を連ねていて、そこでは概《おおむ》ね庶民的な暮らしが営まれている。

その住宅街になぜか「森のような場所」があるというのだ。敷地はおよそ六百坪。築七十年ほどの古びた民家がぽつんと建っていて、それはやっぱり「ボロ家」だという話だった。「よりあい」はまだ手にも入れてないうちから、そこを「よりあいの森」と呼んでいた。すでに名前をつけているぐらいだから、この土地がよほど気に入ったのだろう。地代は一億二千万円。持ち主は「この森のような雰囲気を壊すことなく残してくれる人」に譲りたいらしい。

訪れてみると確かにそこは「森のような場所」だった。そして「不思議な場所」だった。それは本当に突然、意外な形で姿を現すのだ。

土地は道路から小さな坂を下って降りたところに、すり鉢状に広がっていた。広場のように開けた場所があり、そこには縁《えん》の下のある旧式の民家と、手こぎポンプ式の古い井戸がある。深い木々に囲まれたその世界には、野鳥たちのさえずりと、柔らかい日だまりと、独り占めにできる空と雲とが広がっている。静かで、時間の流れがゆるやかで、二十一世紀の喧噪《けんそう》からそこだけ取り残されてしまったような場所である。

このタイミングでこんな土地に出会えたのもきっと何かの縁だろう。逃せば次はない気がする。ただ問題があるとすれば、それは一億二千万円というお金だ。いくら相場より相当安い値段だとは言っても、そんな大金が貧乏暇なしの「よりあい」にあるはずがない。それに土地だけ手に入れればそれで済む話でもないのだ。老人ホームを建設するお金だっている。いったい総額いくらになるというのだろう。

それでも「よりあい」は、この土地にこだわった。つまり、腹をくくったというわけだ。下村恵美子は「できる」と言った。

「みんなでお金を集めれば、絶対なんとかなる。なんとかならなくても、なんとかしてみせる」

こういうときの下村恵美子は、不思議な説得力を醸《かも》し出す。そして恐ろしいことに、下村恵美子は村瀬孝生と二人で、土地代一億二千万円をたった三か月で本当に集めてしまったのである。

4

下村恵美子と村瀬孝生は「一億二千万円お願い行脚《あんぎや》」をしたのだと僕に言った。二人がお遍路《へんろ》さんの格好をして霊場を訪ね歩く姿が僕の頭には浮かぶのだが、とにかくおかっぱ頭の二人は、三か月で一〇一人の支援者に声をかけ、二人してそのおかっぱ頭を下げ、そうして寄せられた寄付のお金だけで、土地代一億二千万円を集めてしまったのである。

化け物である。

もちろん、それだけのお金が寄せられた理由のひとつには――まあ、こんなことを書くのは手前味噌にもほどがあると思うのだが――「宅老所よりあい」のような施設が、この世からなくなってほしくないという、人々の思いのようなものもあったのだろうと僕は思う。支援者の多くは、「よりあい」がどんな介護をしているのかをよく知っていたし、「よりあい」の職員がどんな働き方をしているのかもよく知っていた。


お金で本当の安心は買えない。お金で買えると思っている安心は、結局のところ、出した金額分しか戻ってこない等価交換の商品券なのだ。立派で豪華なパンフレットに書かれている希望めいた文言《もんごん》は、本当の希望であったためしはなく、だから立派で豪華に装う必要があるのだろう。そういうものに、何かを託すことはできない――そう考える人たちがいる。

自分が実際目にして、耳にして、鼻でにおいをかいで、そして心の奥で感じたもの。人と人とが顔を合わせ、たわいもない会話を交わしていく中で自然に育まれていく、情のようなもの――そういうものを大事に思う人たちがいる。

困ったときはお互い様という、そのささやかさの中に、お金とは交換できない大切なものがひそんでいる——そのことを知っている人たちがいる。

下村恵美子と村瀬孝生は、そんな一〇一人の支援者一人一人と話をしたらしい。何をどのように話したのか、僕は知らない。僕が知っていることと言えば、下村恵美子のおかっぱ頭がよく揺れていることと（よく笑っているからだ）、村瀬孝生のおかっぱ頭には高い頻度《ひんど》で「ひどい寝ぐせ」がついているということぐらいだ。それにこの二人には、人をその気にさせてしまう人間的な魅力が、なんだかんだ言って確実にあるのだ。

下村恵美子は大抵のことを「だって……ほら……ねぇ」のたった三つの言葉でなんとか収めてしまう天才である。下村恵美子は「だって……」で少しすねたような顔をしてしばしのタメをつくると、「ほら……」で唇に笑みを浮かべ始め、「ねぇ」でゲラゲラ笑い出す。ときには「ねぇ」を発する際に、隣にいる人の背中をバチンと叩いたりする。こういうのを笑ってごまかすと言うのだろうと思うのだが、下村恵美子からこれをやられると、不思議といろんなことがどうでもよくなってしまう。しかも、なぜか嫌な気持ちはしない。それを人徳と呼ぶのなら、きっとそうなのだろう。

村瀬孝生は、母性本能をくすぐらせたら日本で五本の指に入るような男である。恐るべきことに村瀬孝生は、畳に正座して「あのぉ……」と言っただけで、それをくすぐってしまうのだ。おそらくそれは、村瀬孝生がごくごく自然に放っている「苦学生的ムード」がそうさせるのだろうと僕は思う。なにかこの子に食べさせてあげたい。あったかい靴下を履《は》かせてあげたい。給食費を滞納しているのなら、自分が代わりに立て替えてあげたい。ただ畳に正座して「あのぉ……」と言っただけで、それぐらいのことを人に思わせる何かが、この男には備わっているのだ。

＊

もう脱線覚悟で話してしまおう。

村瀬孝生は実際に苦学生をやっていた時期があるのだ。それは彼が東北福祉大学に通っていた時代で、実に四年もの間、朝刊を配達し、集金や拡張の営業もしていた。休みと呼べるのは新聞の休刊日だけであり、それは年に九日間しかなかった。別に家が貧しかったわけでも何でもない。ソリの合わない父親に頭を下げ、学費を出してもらうのが嫌だっただけだ。ただそれだけの理由で（確かに村瀬孝生には妙に頑固なところがある)、彼は新聞奨学生に応募したのだ。

東北福祉大学は、杜《もり》の都・仙台にある。冬の朝はおそろしく寒い。朝刊にチラシを折り込み、配達へと向かう時間帯は、世界がもっとも冷え込む時間帯だ。吐く息は白く凍って見える。それでも新聞は配達されなければならない。空いた時間には集金と新聞拡張のセールスが待っている。

そんな彼に華やかなキャンパスライフなど望みようもなかった。大学に行っても、疲れ果てて授業どころではなかった。キャンパス近くに広がる田んぼのあぜ道に停めた車の中で、不足しがちな睡眠を補うか、推理小説を熱心に読みふけるか——そのどちらかのことをして大半の時間を過ごしていた。

新聞奨学生制度は、なにも新聞配達のプロを養成するために設けられたものではない。新聞を配りながら勉学にいそしみ、より深い教養を身につける。そのために設けられた制度である。

村瀬孝生も、もちろん学んでいた。配送センターに隣接する古い社員寮に住み込みで働きながら、教科書には決して載ることのない、アカデミズムとは無縁の、ビターな人間模様と人生の滋味を学んでいた。

地区の配送センターを束《たば》ねる元締《もとじ》めの住む豪邸にたびたび集められ、「いいか、お前ら。新聞っていうのはな、インテリが作ってバカが売るんだ」という威勢のいい演説を幾度となく聞かされた。元締めの妻が、営業成績の振るわないセンター長の背中を、ばらした竹刀《しない》でバシバシ叩くのを見た。その元締めの家ではチワワが飼われていた。チワワもそうした環境で育つと、ファミリー同様、自分たちに対して不遜な態度を取ることを知った。そのチワワが死んだとき、一部の新聞奨学生たちが、その亡骸《なきがら》に小便をドボドボかけて笑っているのを見た。そして同僚だった中年男は、集金した新聞代を持って、二度と戻っては来なかった。いろんな事情を抱えた、いろんな人たちがいて、いろんな毎日を送りながら、いろんな気持ちで新聞を配っていた。

中上健次の書いた小説に『十九歳の地図』がある。新聞配達をしながら予備校に通う青年の屈折を描いた作品だ。青年は物理のノートに地図を書いている。気にくわない配達先にバッテン印をつけるためにこしらえた自作の地図だ。うらぶれた寮の部屋に同居しているさえない中年男は「かさぶただらけのマリアさま」と呼ばれるくたびれた女性に救いを求めて生きている。じめじめ湿った出口なしの世界。そのやりきれない鬱屈を、青年はいたずら電話で晴らしている。バッテン印をつけた家に何度も何度もダイヤルするのだ。そしてその鬱屈が臨界点を超えたとき、青年は東京駅に電話をかけ、「玄海号を爆破してやる」と嘘の脅迫をして、声を出さずに泣き始めるのだ。

しかし村瀬孝生は、そうした中上健次的な純文学の世界に染まることはなかった。現実は、もっとタフでドライな人々がしたたかに生きる「ハードボイルド・ワンダーランド」なのだ。村瀬孝生は、不可解な事件がなぜか連続して起きる推理小説の世界にぞっこんだった。『犬神家の一族』だ。『八つ墓村』だ。『獄門島』だ。『悪魔が来りて笛を吹く』だ。田んぼのあぜ道で読む横溝正史は最高だ。どうせドロドロするのなら、純文学より金田一耕助だ。金田一耕助は連続殺人を絶対に止めることのできない名探偵だ。「犯人は……あなたです」。毎度ぐだぐだになるまで終わらない難事件が、今さら感あふれるとんちの利いた推理で解決するたびに「なんかおもしろかった！百点満点だった！」と快哉《かいさい》を叫び、カタルシスを得る。つまり村瀬孝生は、頭のバネが人とは少々違う場所に付いている男だったのだ。折しもバブル絶頂期。誰もが浮かれてハメをはずしまくっていたそんな時代に、村瀬孝生は田んぼのあぜ道で安価な文庫本を読みあさり、その厳しい生活を乗り切ろうとしていたのである。

そうして知らず知らずのうちに身につけた「苦学生的ムード」は、同じ年頃の息子を持つ主婦層に妙なウケ方をするようになった。ロッテ「コアラのマーチ」に太い眉毛を描いたような若者が「苦学生のムード」をまとって戸口に立ち、新聞拡張の営業を不器用ながらにするのである。多くの主婦はもう完全にノックアウトだった。「あぁ、なんてことでしょう。うちの息子にあなたの爪の垢を煎じて飲ませたいぐらいだわ。ええ、いいですとも。三か月ぐらいなら取ってもいいわ」と契約書にサインをしてもらえるようになった。それは自分でも不思議なぐらい高い確率で成功を収めるようになり、いつしか村瀬孝生は地区でもトップクラスの成績を叩き出す有能な拡張員になっていた。

かつて極道の世界に身を置いた男が、その気配を容易に消すことができないように、村瀬孝生がまとった「苦学生的ムード」は、「とっちゃん坊や」と化した今でも、決して消えることはない。その証拠に、ある種のご婦人たちは、そうした気配を敏感に察知するらしく、村瀬孝生に対し何かと世話を焼こうとするのだ。

たとえば、こんな形でだ。

以前、村瀬孝生にやたらとパンを買ってくる上品なおばさんがいた。もちろん、僕らにも買ってきてくれるのだが、そのパンの具合や様子が明らかに違うのだ。僕らがもらえるパンは、バターロールやチーズが入ったコッペパン、まあどんなに頑張ってもチョコクロワッサンが関の山なのだが、村瀬孝生がもらえるパンは、あるときは特上ヒレカツサンドの詰め合わせ、またあるときはトマトとバジルと炭焼きチキンがたっぷり入ったイタリアンサンドの詰め合わせ、そしてまたあるときはローストビーフがこぼれんばかりにはみ出したバゲットなどという、誰がどう見てもお値段の張るタイプのパンなのである。その上品なおばさんは、僕らを前に「これはあなたたちのパン。で、こっちは村瀬さんのパン」と一点の曇りもなく区別して渡していた。そしてその受け渡しの際には、必ずこう付け加えていた。

「村瀬さんは、ほら、栄養が足りてないから」

そんなことはないのである。毎日「よりあい」のご飯をきっちり食べている齢《よわい》五十の男に、今さら栄養をつけるも何もないのである。それに村瀬孝生は痩《や》せてもいないし、最近、腹が出てきたぐらいなのである。どちらかといえば、僕の方が断然痩せていて、顔色も悪いのである。それでも、僕がローストビーフの入ったバゲットをもらえた試しは一度としてなかった（別にいいけど）。

話を元に戻そう。

5

下村恵美子と村瀬孝生が、わずか三か月で集めた一億二千万円は、「よりあい」に不思議な「高揚感」をもたらした。にわかには信じがたい分、強烈なインパクトがあったのだ。

何かが音を立てて動き出そうとしている。とてつもないことが、これから起きようとしている。

僕らはそれを肌で感じながら、猛烈に「ぞくぞく」していた。土地を取得した以上、施設を建てなければ話にならない。理屈から言えばそういうことになるのだろう。けれどそんな理屈は、僕らが感じた「ぞくぞく」にはあまり重要なことではなかった。神事であるはずのお祭りが、神事のことをすっかり忘れて盛り上がってしまうのと同じだ。とにかくあの土地は手に入れた。特養建設にいくらかかるのかは、現時点ではさっぱりわからない。でもそれがいくらになろうとも、僕らはきっとやれるのだ。自分たちの手で道を切り開いていけるのだ。根拠なんか別にない。ただ、やれると思う気持ちがあるだけだ。無謀と言われればそうかもしれない。無計画と言われればきっとそうだろう。でも前例がないからとか、保証がないからとか、そういうことを頭に少しでも浮かべてしまったら、新しいことは何ひとつ動き出しはしない。新しいことはいつだって、無謀で無計画で、前例がなくて保証がないところからしか生まれてこないのだ。僕らがあのころ感じていた「高揚感」や「ぞくぞく」は、そんなところにあったような気がする。

二〇一二年、三月のことである。

僕らはその「高揚感」や「ぞくぞく」を抱えたまま、晴れて「よりあいの森」となったその場所に集結した。「よりあい」職員と世話人を合わせた総勢二十名である。僕らがそこでまずやったことは、敷地内に建つ「ボロ家」の片付けと掃除だった。元地主の話によると「欲しいものがあったらなんでも持っていっていい」ということだった。これだけ古い民家だ。骨董の類《たぐ》いならいくらでも出てくることだろう。中にはお宝級のものもあるかもしれない。僕らはそのお宝発掘に興味津々、やる気も満々だった。

ところがである。

その「ボロ家」は、ただの「ボロ家」ではなかった。足を踏み入れた瞬間、そこに居合わせた全員が軽いめまいを覚える「ボロ家」だった。人が直前まで住んでいたにもかかわらず、ありとあらゆるところが汚れに汚れていたのだ。それは垢まみれと言っても言いすぎではなかった。たとえば廊下にぞうきんをかけると、国道のアスファルトでも拭いたのかというぐらいドロドロになった。もちろん、ぞうきんは一発でおシャカである。二回、三回、四回、五回。何度チャレンジしても、ぞうきんは惚れ惚れするぐらい真っ黒になった。ついにはバケツで水をぶちまけ、洗剤をつけたデッキブラシでこすってみたりもしたのだが、それでも泥のような汚れは次から次へと涌《わ》いて出てきた。

いったい何年分のほこりを溜めればこれだけの状態になるのだろう。

惨状はそれだけではなかった。およその察しはつくだろうが、この家には、ありとあらゆる場所に、ありとあらゆるガラクタが、無秩序かつデタラメに詰め込まれていたのだ。

布団の入っていた押し入れから、調理鍋と壊れた電気スタンドが一緒に出てきた――と書けばそのデタラメさ加減は伝わるだろうか。そしてその調理鍋の底には、すでに泥と化したほこりが三センチも積もっていた――と書けばその強烈さは伝わるだろうか。そうした状況がどの部屋のどの部分を突っついても展開されていくのである。

それにしてもおかしな家だった。何度も増築を繰り返したせいで、妙な間取りになっていた。母屋から西に向かって増築された部分は、土地の形状からまっすぐ延ばすことができなかったのだろう、ジグザグと階段状に延びていた。そしてそのどん詰まりにある部屋は、プレハブに毛が生えたような安普請《やすぶしん》だった。そのプレハブ部屋には、床が抜けるくらいの本が山積みされていて、実際抜けている箇所もあった。その山積みされた本には、やはり大量のほこりが堆積していて、中にはべとべとする気持ちの悪いものもあった。

『性生活の知恵』『南京大虐殺』『石井七三一部隊』『マルクス主義とアナーキズム』『恍惚の人』『原色・寄生虫図鑑』。出てくる本、出てくる本、悪霊を呼びそうな本ばかりだった。さらには『暮しの手帖』のバックナンバーが少なく見積もっても十年分は出てきた。『暮しの手帖』をこれだけ読んでおきながら、どうしてこんな暮らし方になるのだろう。僕はその矛盾にしばし頭を悩ませたりもした。

とにかく物の多い家だった。ゴミ屋敷の領域に片足を突っ込んだような家だった。中でも、物置として利用されていた屋根裏部屋は、惨状を極めていた。そこは選ばれしガラクタエリートたちが幽閉されている座敷牢だったのだ。綿の飛び出たクッション。首の折れた扇風機の残骸。おそらく中身が入ったままになっていると思われる、ずっしりと重いお中元の箱。電池が液漏れを起こしている大型のトランジスタラジオ。使い道がよくわからない電波発生器などなど。本来はゴミとして処分されるべきだったそうした品々が、まるで賽《さい》の河原の積み石のように、おそろしく危険なバランスで詰め込まれていたのだ。

淀みきった空気が結界を張っていた。ボロボロの窓枠には、ハ虫類の卵がびっしり産み付けられた跡があった。ねずみかコウモリかが落としていったであろう、正露丸のような糞《ふん》もあちこちに散らばっていた。そして——そのガラクタと残骸で埋まった部屋の落ちくぼんだ場所に、顔に不気味な染みを浮き上がらせたセルロイド製の赤ちゃん人形が、ちょこんと座ってこっちを見ていたのだ。

もうだめだと思った。この家は丸ごと爆破した方がいいと思った。とにかくセルロイド製の赤ちゃん人形だけは、絶対にさわりたくないと思った。目が合っただけでも、特殊な呪いがかかりそうな人形だった。

いったいこんな恐ろしいものを誰が片付けるというのか。俺か？　俺なのか？　うそだろ？　目が合っただけで呪いがかかりそうなそんなものを、まさかさわれというのか？

そのまさかだった。そんなまさかのときのために用意しておいた軍手とマスクと防《ぼう》塵《じん》用のゴーグル。前日、近所のホームセンターで買い求めていたそれらは、運の悪いことに丸ごと自宅に忘れてきていた。つまり僕は完全無防備の状態で、この気が遠くなるようなゴミの山と対峙《たいじ》することになったのだ。

作業開始から三十分もしないうちに、僕の手は石炭でも掘ったかのように真っ黒になった。手のひらの油分はあっという間に吸い取られてカサカサになった。大量のほこりを吸い込んだ鼻は炎症をおこしたようにヒリヒリし、喉はガラガラになって痛んだ。眼鏡をしているにもかかわらず、目は真っ赤に充血し、涙がボロボロ出てきた。片付けは総勢二十名で半日かけてやったにもかかわらず、半分も終わらなかった。全員が煤《すす》だらけになって、へなへなとへたり込んだ。お宝探しどころじゃなかった。ゴミしかなかった。大量に出た廃棄物は、トラックの荷台に山積みされて、市が運営するゴミ処理場へと運ばれていった。もちろん一回で運べる量ではなかったので、トラックは何度も往復することになった。

その夜のことである。僕はさっそく三十九度の熱を出し、それから三日間、寝込むハメになった。おそらくほこりに含まれていた細菌にやられたのだろう。いや、もしかしたらあの人形に呪われたのかもしれない。抗生物質を飲んだが、あれは呪いにも効くのだろうか。効いてないのなら、僕は今も呪われたままだ。

＊

そんな間抜けなことを繰り返しているうちに、僕は正真正銘の「世話人」にいつしかなってしまっていた。正真正銘の「世話人」になってしまうと、「よりあいの介護は素晴らしい」とか、「介護の世界を変えた」とか、そういう世間的な評価は本当にどうでもよくなっていった。意識にさえのぼらない。そもそも僕は「よりあい」が優れているから手伝っているわけでもないし、介護問題や社会問題に一石を投じたいから行動をともにしているわけでもない。ただそこに、下村恵美子や村瀬孝生という友人がいるから、一緒にわあわあやっているだけの話だ。つまり「遊び」の延長線上にそれはあるのだ。

「よりあい」に顔を出すのが僕の習慣になっていた。特に用事がなくても遊びに行って、お茶を飲んでバカ話に興じ、場合によっては布団をかぶってぐうすか寝たりもしていた。よほど馬が合ったのだろう。居心地は悪くなかった。そうして過ごす日常の中に、世話人としてやれることがあれば、「もう、めんどくさいなぁ」とかなんとか、例によってぶうぶう言いながら手伝ったりしていた。

6

そんな中で「よりあい」の資金作りは次第に本格化していった。こんなとき、物わかりのいい資産家が一人でもいれば話は早かったのだろうが、残念ながらそんな人は一人もいなかった。僕らは何のバックも持たない、お金に疎《うと》い、無力な人々の集団だった。みんなで知恵を出しながら、自分たちにもできそうなことをやるよりほかに方法はない。できそうなことはどれも地味なことばかりで、百円二百円を地道に積み重ねていくようなものばかりだった。

そのひとつが「カフェ」だった。「カフェ」といっても、どこかに店を出すわけではない。「よりあいの森」に建っている「元ゴミ屋敷のボロ家」を「カフェ」にしてしまおうというのだ。発案者は、やはり下村恵美子だった。

「わたし、カフェのママになるのが昔からの夢だったの！」

下村恵美子は、その小さな目のようなものをキラキラさせながらそう言った。初めは誰もが冗談だと思って聞いていたのだが、下村恵美子は完全にマジだった。「カフェ」を始めるにあたって、下村恵美子がまずやったことは、「ボロ家」の壁を片っ端からブチ抜き、煤《すす》けた天井を片っ端からブチ抜くことだった。本当は邪魔な柱も片っ端からブッタ切って心身ともにすっきりするつもりだったらしいが、作業に当たった工務店から「さすがにこの柱を抜いたら建物が倒壊します」と説得されて、しぶしぶ断念していた。

壁や天井がなくなってしまうと、チマチマした間取りだった「ボロ家」にも、見違えるような開放感が生まれた。梁《はり》や柱をこげ茶色の天然塗料で塗ったら、いよいよそれっぽくなり、古民家と呼んでもおかしくない雰囲気が出てきた。下村恵美子は骨董市やリサイクルショップに足繁く通い、感じのいいテーブルや椅子をしこたま買い求めて運び込むようになった。そういうものに惜しげもなく自腹を切り、大枚《たいまい》をはたいていた。そして手に入れたテーブルや椅子を何度も何度も配置換えしながら、ああでもないこうでもないと店の雰囲気作りに没頭し始めた。

ガラスのランプシェード、ぜんまいを巻いて動かす振り子のついた柱時計、不思議な形をしたラジオ、タイルでできたテーブルの天板、凝った細工の飾り棚。

古い時代に作られた物が、下村恵美子の手によって拾い上げられ、再構築されていく。居場所をなくして放り出されたそれらの物たちは、それぞれに価値を見いだされ、飾られ、新しい居場所を得て輝いていく。そうして「ボロ家」は不思議と居心地のいい「カフェ的空間」へと次第に生まれ変わっていった。

最後の最後になって、下村恵美子は「この壁に釘を打ってほしい」と僕らに言った。そこに飾られたのは、この世にひとつしかない、下村恵美子の宝物だった。

それは額装された「詩の直筆原稿」だった。

よりあいよりあい

谷川俊太郎

よるがちかづくとたましいは
りくつをわすれる
あいのしょっぱさも
いきることのすっぱさも
よけいにあじわえて
りきむことなく
あえかなまどろみに
いいゆめをみて
よれよれのからだも
りすのよう　きにかけのぼり
あまいこのみを

いっぱいとってくる
よろこびにはなんの
りゆうもなく
あすはちかくてとおい
いきるだけさ　しぬまでは

03
資金調達
きりもみ爆走篇

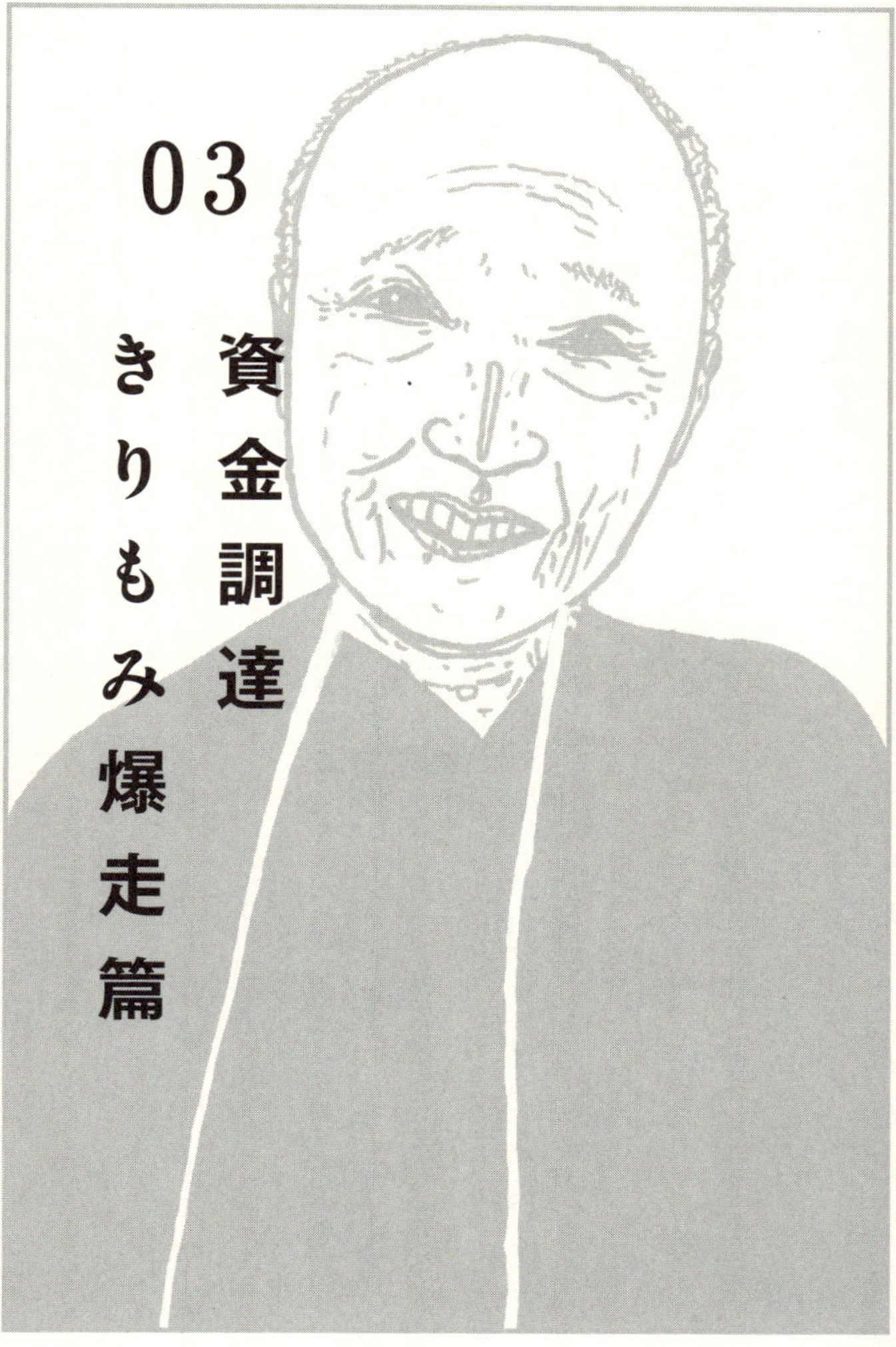

1

「よりあいの森カフェ」は、「カフェごっこ」から始まった。毎週土曜日、職員や世話人が集まり、カフェっぽいランチを作ったり自作のスイーツを出したりして、関係者だけでおもしろがるという「ごっこ遊び」だ。「よりあい」のお年寄りたちもお客さん役として来てくれた（職員が連れてきたのだが）。普段カフェなどに足を運ぶことのないお年寄りたちは、そこで出されるランチやケーキを黙々と食べていた。そしてボロボロこぼしながら食べ終えると、なんだか怪訝《けげん》な顔をしてキョロキョロしていた。

お客さんのつもりで通っていた僕は、気がつけば「マスター」と呼ばれていた。「マスター、コーヒーふたつ！」とか言われて、言われるがままにコーヒーを淹《い》れる係になっていた。

ランチ五百円。食後のコーヒー百円。ケーキセット三百円。

この「ごっこ遊び」のすごいところは、たとえ自分が作ったランチであろうと「自分が食べた分はきちんと代金を支払う」というところにあった。そこだけは全然「遊び」じゃなかった。つまり僕らは、自分たちで作ったランチを自分たちで食べ、自分たちで淹れたコーヒーを自分たちで飲み、自分たちで作ったケーキを自分たちでほおばって、お金を払っていたのである。「カフェごっこ」も資金作りの一環だった。資金作りである以上、全員バイト代なしのタダ働きだった。そうして四か月ほど「ごっこ遊び」を続け、入念なリハーサルを重ねた上で、「よりあいの森カフェ」は一般にも公開される運びになった。

一般公開するに当たり、やったことがいくつかある。厨房をプロ仕様に改装した。保健所の検査もきちんと受けて、食品衛生責任者の免状も取った。

業務用のガスコンロは頑強な造りで、火力がまるで違っていた。特に強火の破壊力はすさまじく、安物のフライパンをうっかり載せたりすると、柄《え》の部分がドロドロに溶けたりするので用心が必要だった。浄水器も立派なものに新調した。料理人がこぞって推薦している「C1」というやつである。ステンレス製の深いシンクも大小ふたつ備え付けた。ふたつのシンクは（動きやすさを考えて）L字型に配置した。

食品衛生責任者の免状は、下村恵美子が取りに行った。免状交付には六時間ほどの受講が必要です——それを聞いた下村恵美子は一人で行くのが途端に億劫になったのか、最後の最後まで駄々をこね、「ねぇ、一緒に行こうよ。一緒に免状取ろうよ。講習費はわたしが払うけんさぁ。どうせ暇やろぉ」と、しつこく僕を誘っていた（道連れにするつもりだったのだ）。

こうして「よりあいの森カフェ」は本格的にオープンすることになった。スタッフは全員素人。世話人と職員が中心になり、厨房に入る人は毎回違う。メニューも毎回違っていて、これは当たりハズレがある。毎週土曜日だけのオープン。営業時間は午前十一時半から午後四時まで。広い庭にはパラソルを立てて、外での食事もできるようにした。

オープン初日。看板を出すと、近所に住む人々がおそるおそる入ってきた。おそるおそる席に座って、おそるおそるランチを注文し、そわそわしながらそれを食べて、おそれをなして帰って行った。

厨房内はてんやわんやだった。本物のお客さんが来たことにテンションの上がった世話人のおばちゃんたちは、注文が入るたびに「ランチ一丁ぉ！」と威勢のいい声を張り上げ、ドタバタしていた。まるで大衆食堂である。お客さんとして来ていたはずの世話人のおばちゃんたちも、なぜか興奮して厨房に乱入しだした。そして「あんた、これ醬油の味が効いとらんばい！」と勝手に味を変え、終《しま》いにはケンカを始めた。とばっちりはコーヒーを静かに淹れていた僕にも回ってきた。「ああもう、そげんところでコーヒーやら淹れるけん、邪魔でしょうがなか！」と廊下に座ってやるよう指示された。僕は僕で「コーヒーを廊下に座って淹れる店が、いったいどこにあるか！」などと応戦していた。

いくら素人がやっているとはいえ、あんまりだった。お客さんがおそれをなして帰るのも無理はなかった。下村恵美子は頭を抱えて悶絶していた。悶絶しながら庭に飛び出すと、パラソルの下でランチをやけ食いしていた。まったく動じずにくつろいでいたのは、「よりあい」からやって来たお年寄りたちだけで、「ケーキがおいしかね」とご満悦の様子だった。

記念すべきオープン初日はそうして終わった。下村恵美子の落胆ぶりは見ていて気の毒なほどだった。「こんなのカフェじゃない！」。僕らはしゅんとしていた。あれだけリハーサルを重ねて準備したというのに、なにひとつうまくできなかった。注文に右往左往した挙げ句、厨房ではケンカまで繰り広げ、せっかくの雰囲気を台無しにした。これじゃあいくら売り上げがあっても、そのうちお客さんが来なくなる。僕らはいくつかの約束事を決めた。「大きな声を出さない。ケンカをしない。厨房に乱入して勝手な真似をしない」。そうして売れ残ったランチとケーキセットをもぞもぞと食べ終えると、計八百円のお代を支払い、とぼとぼと家路についた。

＊

「よりあいの森カフェ」は、そうした失敗を何度も重ねながら、少しずつお店らしくなっていった。厨房に立つスタッフの顔ぶれもバラエティに富むようになり、ランチメニューもだんだん洗練されていくようになった。中にはこだわりが強すぎて配膳までにやたらと時間がかかってしまう人や、厨房に入った瞬間から縄張り意識がバリバリに出てしまう人もいるにはいたが、ケンカを始めたりすることはなくなっていった。

スイーツの充実は、めざましいものがあった。素人でも抜群のセンスを持つ人がやはりいるのだ。信じられないくらいおいしいチーズケーキやチョコレートケーキが並ぶようになった。新鮮な桃が入ったシュークリームは、シュー生地の焼き加減、クリームの案配ともに絶妙で、数が少なかったせいもあって、瞬く間に売り切れた。女性職員の中にも、お菓子作りの得意な人がいて、パティシエ顔負けのスイーツを次々に作って、お客さんを驚かせるようになっていた。ケーキ目当てで毎週来るお客さんも出始めたぐらいだ。

夏になると、かき氷もメニューに加わった。下村恵美子はプロ仕様のかき氷器を七万円も出して購入し、氷屋さんで買った美しい氷の塊《かたまり》をふわふわに削って、手作りのシロップをかけていた。梅、ぶどう、いちじく、桃、あんず。果実の形を残して仕上げたシロップは、ふわふわの氷を美しく彩り、看板メニューのひとつになっていった。

カフェではいつしか、ミニコンサートも開かれるようになった。ギターやウクレレ、バイオリンやサックスの音が、昼下がりの森に響くようになった。ゴスペルグループがお揃いの衣装で登場し、パンチのある歌声を聞かせることもあった。頭にハイビスカスをつけたフラダンサーたちがやって来て、ハワイアンの曲をバックに優雅な踊りを見せることもあった。赤いハッピ姿のひょっとこ軍団が、お囃子《はやし》に合わせて客席を練り歩いたりすることもあった。特にひょっとこは、ぼけたお年寄りたちに絶大な人気があり、一緒になって踊り出すお年寄りも出て、異様な盛り上がりを見せた。僕はそんなカフェの厨房にときどき立ち、注文に応じてコーヒーを淹れていた。そして自分で淹れたコーヒーを自分で飲んで、お金を払って過ごしていた。

2

週一回という営業形態がよかったのかもしれない。「森の中にある隠れ家的カフェ」の存在は口コミで広がり、その物珍しさゆえに多くの人が興味津々でやって来るようになった。ランチが五十食以上出る日も珍しくなくなり、食後のコーヒーを注文するお客さんも格段に増えた。玄関で靴を脱いで入るカフェなので、お客さんが大挙して押し寄せると靴は外まであふれ出した。広い庭があるせいか、小さな子どもを連れた若い夫婦の姿もよく見るようになった。人なつっこい猫も姿を見せるようになり（茶々という名前だ）、庭をうろうろし始めた。茶々は茶々でうまくやっていて、お客さんにおねだりなどをしてちゃっかりご飯をせしめていた。

そうして森のカフェは、いろんな年代のいろんな人たちが（人なつっこい猫を含めて）のんびり過ごせる場所になっていった。そしてそこには「よりあい」からやって来るぼけたお年寄りたちの姿もあった。それはとても自然な感じだった。ぼけたお年寄りたちがそこにいても、誰も不思議には思わなかった。そもそもが「ボロ家」を改築したカフェだったし、調度品も古い物が多かったので、お年寄りたちはまるで溶け込むようにしてその場になじんでいた。

カフェでは、支援者から安く分けてもらった野菜や果物、職員の家族が漬けたらっきょうや梅干しも並べて売るようになった。職員が仕事の合間に作った手作りのジャムは、添加物なしの素朴な味で、出せば出すだけ売れる人気商品になった。

春先になると、カフェの裏庭に広がる竹林に筍《たけのこ》がはえた。次々に顔を出すその筍を、下村恵美子は毎朝鍬《くわ》で掘っていた。糠《ぬか》で炊いてビニール袋に詰め、格安で売り出すと、わざわざ買いに来る人も出てくるようになった。掘りたての筍を鮮度の高いうちに炊くせいか、柔らかくてアクが少ないと評判になった。

森はそれなりに豊かだった。果物のなる樹木もたくさん植えられていた。梅、あんず、びわ、柿、栗。売れそうなものはなんでも袋に詰めてカフェに並べて売った。僕らはそうして百円、二百円を地道に積み重ねていった。

3

ひとくちに特別養護老人ホームといっても、いろんな規模のものがある。百人以上が暮らせる大規模なものもあれば、定員三十人ほどの小さな規模のものもある。「よりあい」が考えている特別養護老人ホームは、とても規模の小さいものだった。定員二十六名。ショートステイ二名。分類的には「地域密着型特養」という呼び方をするらしい。

そんな小さな施設でも、施設には莫大なお金が必要だった。建築家によれば、どんなに少なく見積もっても一億六千万円はかかるだろうという話だった。途方もない額のお金だということはすぐにわかった。ただあまりにも額が大きすぎると、不思議と実感がわかないのも事実だった。

「一万円札に換算すると何枚になるのだろう」

世話人会でそんな話になった。一、十、百、千、万……。一万六千枚になることがわかった。まだピンと来なかった。「千円札に換算すると十六万枚になる」と誰かが言った。十六万枚。少し実感がわいてきた。つまり、百円玉に換算すると百六十万枚ということだ。重さにするとどれぐらいになるのだろうという話も出た。百円玉一枚の重さを量ると約五グラムだった。五グラムのものを百六十万枚集めると、八トンになることがわかった。百円玉が八トンある光景は、また実感のわかないものになった。僕らは計算をするたびに、実感がわいたりわかなくなったりした。

しかしそんなことをいくらやってみても仕方がない。僕らは現実的なことを考え始めた。スケジュールを組み、逆算してやるべきことを決め、役割を分担しながら物事を進めて、力を合わせていく。それしかない。

いろんなことがバタバタと決まっていった。

特養の開所は二年後の二〇一五年四月。来年度は市の補助金制度に申請書を提出し、七千万円の補助を受ける。

もちろん、申請が受理されるかどうかは、審査の結果次第で未確定だ。新規に施設を建てようとしているのは何も「よりあい」だけではないし、申請の数もとても多いと聞いている。つまり、補助金をもらうのはそう簡単なことではないということだ。だが、そんなことを今から心配しても始まらない。僕らは、まだもらってもいない七千万円をさっそく建築資金に充《あ》てる計算をした。普通は落ちることも想定して資金計画を練るのだろうが、その時はその時だという強気の計画書を作った。さすがは「よりあい」だ。バカにもほどがあってよろしい。残り九千万円のうち、三千六百万円は利子の安い福祉医療機構から借りる。二十年返済。「よりあい」の懐《ふところ》事情を考えると、それ以上借りると厳しいという判断だ。そういうところだけはなぜか現実的だった。問題はあとの五千四百万円だ。下村恵美子は笑いながら言った。

「みなさん！　なにがなんでもこの二年間でかき集めましょう！」

そして下村恵美子は大声で歌い出した。

「ケ・セラ・セラ〜　なるようになるわ〜」

とにかく、お家の一大事だった。土地だけ買って「建物はできませんでした」ではお話にならない。土地代の一億二千万円を寄付してくれた一〇一人の支援者にも合わせる顔がないだろう。およそ行き当たりばったりでここまで生き延びてきた「よりあい」だったが、満を持して三つの部会を立ち上げることになった。運営部会、建築部会、そして資金部会。職員と世話人はこの三つの部会のいずれかに属することになった。僕は建築部会に入りたかったが（どんな建物にするか考えるのは楽しいことだ）、その願いむなしく、運営部会に入れられてしまった。村瀬孝生が「あんたはこっち」と言ったのだ。

運営部会がやる仕事は、実にめんどくさいことばかりだった。

ひとつ。新規施設をどんなものにしていくのか、その基本骨子を考える。

ひとつ。世話人メンバーを中心とする「よりあいの森をつくる会」を立ち上げ、これからも苦難の道を歩むであろう「よりあい」をどうバックアップしていくのか、その仕組みについて考える。

ひとつ。恒常的な資金不足をどうすれば解消できるのか、無い知恵を絞って絞って絞りまくる。

ひとつ。もうめんどくさいのでこれ以上具体的なことは書かないが、とにかくあらゆる問題について、考えて考えて考えぬく——。

どれも僕の苦手とすることばかりだった。僕の頭は、組織の運営的なことを考えるようにはできていない。仕組みを作るのにも向いてはいない。一時期「よりあいの森をつくる会」を、NPO法人にしたらどうかという話になった。僕はNPO法人がどんなものかさえ知らなかった。『NPO法人の作り方』という本を買って、寝っ転がりながら読んだが、全然おもしろくなかった。僕がその本で学んだことは、「法人の立ち上げには、たくさんの書類が必要です」ということだった（頭がくらくらしたので、その本はすぐに捨てた）。

おまけに僕は、事務局のメンバーにもなってしまった。三つの部会が立ち上がったことで、世話人会で話す議題が複雑になり、議事進行を事前に調整する必要ができたのだ。運営会議に事務局会議、そして世話人会。三つの会議を掛け持ちでこなし、その議事録も僕は記録していくことになった。

そうした会議は決まって夜に行われていた。僕は頻繁に家を留守にするようになり、帰りは十一時を過ぎることも多くなっていった。

会議を終え、お腹をすかせて自宅に戻ると、パジャマ姿の妻が不機嫌な顔をして台所に立っていた。黙って鍋に火を入れ、おかずと味噌汁を温めなおし、冷蔵庫からラップをかけたサラダとドレッシングを取り出すと、それも黙って食卓に並べた。僕も黙って炊飯ジャーからご飯をよそうと、黙って座って黙って食べた。妻はそんな僕を黙って見ていた。僕も黙って黙って黙って黙って食べた。生きた心地がしなかった。おかわりもできなかった。

沈黙を破ったのは妻だった。

「……ねえ、ひとつ聞いていい？」

妻は静かな口調でそう言った。女性が静かな口調でそういう話の切り出し方をするときは、たいていロクでもないことが起きる。

「毎日どこでなにしてるの？」

僕の目は泳いでいた。その泳いだ目で猫を探していた。僕の家には二匹の猫がいる。こういうときこそ猫の出番だ。膝の上に乗せ、神妙にうつむくふりをして、指で頭をなでる。猫はすぐにごろごろと喉を鳴らすことだろう。猫のごろごろには人をリラックスさせる低周波が含まれているらしい。妻にそのごろごろを聞かせてあげれば、少しは落ち着いてくれるかもしれない。妻には優しい人であってほしいと、こんなときの僕は思う。

「家のこともほったらかし。猫も私もほったらかし。お風呂の掃除も、食器の片付けも、みんな私に押しつけて……。私だって遅くまで働いてるのよ」

　しかしこんなときに限って、猫は食器棚の上でビクターの犬みたいに首をかしげていたり、こたつの中に潜り込んだりしているのだ。

「よりあい、よりあいって言って出かけてるけど、よりあいで遅くまでよりあいをして、よりあいのよりあいがそんなに大事なの？」

　言われてみれば確かにそうだ。よりあいのよりあいが、そんなに大事なことなのだろうか？　別に誰かに褒《ほ》められたくてやってるわけでもなんでもないが、今こうして僕は、誰かに褒められるどころか妻に叱られている。猫からも相手にされない。

「それで肝心の仕事は進んでるの？　私が見る限り、なんにもしてないみたいだけど」

　村瀬孝生の本は、まるで進んでいなかった。というより、もう出ないことがほぼ確定していた。でも、そんな事情を今ここで話すわけにはいかない。それにしてもこういう文脈で話が進んでいくと、女性の手厳しさは男性の比ではない。本筋にまるで関係ないところにまで、その怒りは飛び火してしまう。

「それからあなたの部屋に転がってるエレキギター。あれ、いったい何本あるの？」

　本当は六本あるのだが、四本ですと少なめに申告をした。

「あなた、手が八本あるとでもいうの？　それともミュージシャンにでもなるつもり？　どうせロクに弾けやしないじゃない！　あれ邪魔なのよ！　掃除するときに邪魔なの！」

実はギターアンプも三台持っていて、それは押し入れに隠してあった。

「明日早いから、私、もう寝るね！」

妻はがらがらぴっしゃんと引き戸を閉めて、いったんは姿を消したが、すぐに戻ってきて猫の名前を呼んだ。

「丸ちゃん、ハッちゃん、寝るよ！」

二匹の猫が妻と一緒に寝室へと消えて行くのが見えた。まるで何かの同盟でも結んでいるかのようだった。

そんなことがあった夜は、いつもより深く静かに更けていく。僕は会議の議事録を起こしながら、これからのことをぼんやり考えていた。

「遅くなった日は、花でも買って帰った方がいいのだろうか？」

しかし、ガーベラの花を一輪買っていったところで、それがいったい何になるというのだろう。どうせ近所のスーパーで買ったことがバレバレの百円の花である。そんなものでご機嫌をとろうだなんて、考えが甘いにもほどがある。女性の側からしてみれば「ふん、バカにして！」と、余計に腹を立てることにもなるだろう。

それに普段花を買って帰る習慣のない男がそんな真似をすれば、逆に妙な怪しまれ方をするだけだ。どこかよそに女でもできたんじゃないか。そんなふうに思われたら(そんなにモテてたらいいのだけれど)、痛くもない腹を探られることになるだけだ。

しかし何でこんなことまで考えなきゃいけなくなったのだろう。なにひとつ間違ったことはしていないはずなのに、どうしてこんな目に遭わなければいけないのだろう。僕がやってることは、本当はいけないことなのだろうか？

僕は下村恵美子と村瀬孝生に相談することにした。食卓で繰り広げられた緊迫したやりとりをできるだけ詳しく話して聞かせると、二人は涙を流して笑いころげていた。

4

運営、建築、資金。三つの部会は、それぞれにそれぞれの動き方をしていた。そして、その部会をまとめていたのは、中堅・若手の職員たちだった。

運営部会は、安永周平《やすながしゅうへい》くんが部長になった。建築部会は、俵奈緒美《たわらなおみ》さんである。そして資金部会の部長に任命されたのは、まさかの後藤朱美《ごとうあけみ》さんだった。

僕は後藤さんほど数字に弱い人をあまり見たことがない。カフェの売り上げの集計に二時間近くかかって、しかも間違えるのだ。伝票を見ながら、その日出たランチやケーキセットの数を集計し、金額を電卓に打ち込んで、手元にあるお金と照らし合わせる。何度やってもそれが合わない。検算をするたびに電卓には違う数字が表示されるし、なぜか差額の値はどんどん開いていく。それはもう「お見事！」としか言いようがないほど、全然合わない。

そんな後藤さんが資金部会の部長に任命されたのは、「建築部会の部長にするよりマシ」だったからだ。後藤さんの空間把握能力は、それぐらい無茶苦茶だった。図面を見て「これって天井はどこにありますか？」とわけのわからないことを言い出す。天井は上にしかない。「じゃあ部屋の壁はどこまで伸びるんでしょうか？」。質問の意味がよくわからないが、よほど特殊なものでもない限り、部屋の壁は天井まで伸びている。「それって本当ですか？」。ふざけているわけではない。本当に後藤さんという人は、真剣にそんなことを聞くのだ。いったいどんな建物が頭の中に描かれているのか、いっぺんのぞいてみたくなる。きっとダリの絵よりも不思議でおもしろいことだろう。

しかし、後藤さんの名誉のためにひとつ書いておきたいことがある。

実は後藤さんほど介護センスに長《た》けた職員は「よりあい」にはいないのだ。今のところ、誰もそれに追いつくことはできていない。お年寄りが集っているその場所に、後藤さんがいるのかいないのかは、すぐにわかる。誰にでもわかる。後藤さんがそこに座って、お年寄りと会話をしていると、場の空気が明らかに違うのだ。別に特別な会話を交わしているわけでもなんでもない。ただの雑談に過ぎないし、きつい冗談を飛ばしているときもある。他の職員と同じと言えば同じだ。なのに後藤さんが話していると、世界の様相はまるで違うものになっている。にぎやかで、楽しい。そしてそれは介護の現場だけではなく、たとえば何かのセミナーがあって、募金を呼びかける機会がもらえたようなとき——後藤さんが壇上に立って話を始めると、やっぱり何かが確実に変わっていく。人の心という形のないものが、後藤さんによって動かされていく。後藤さんは、出しゃばりではない。弁が立つわけでもない。大げさなことも言わない。いたって普通だ。ただ、人としての魅力が群を抜いている(と僕は思っている)。

資金部長の後藤さんは、オリジナルグッズの製作に着手した。Tシャツとトートバッグを作り、それぞれ千五百円で売って資金を稼ぐ算段だ。後藤さんは忙しい業務の合間にいろんな業者を当たり、見積もりを取っていた。

数字に弱い後藤さんが、数字だらけの見積書を眺めている。一枚当たりの単価を見比べ、前金がいくら必要かを電話で尋ねてメモをしている。売り上げ目標がこれこれこうで、粗利がこれこれこうで、だから注文枚数はこれこれこうになり、支払いはこれこれこうになる。同じ千五百円で売ろうとすると、Tシャツとトートバッグとでは粗利がまったく違っていた。後藤さんはただただ呆然としていた。中空を指さし、何かを数えるような素振りを見せ、ノートに数字を書いてはバッテン印をつけ、新しい数字に書き換えては、またバッテン印をつけていた。いったい何の計算をしているのかは、誰にもわからなかった。そうして誰にもわからない計算を続けた挙げ句、「あーっ！」と叫んでちゃぶ台に突っ伏し、「もう何がわからないのかさえわからなくなった！」と嘆きながら、肘をついてせんべいをかじっていた。

後藤さんは、募金箱作りにも取り組み始めた。ペットボトルや洗剤の入っていた箱をかき集め、みんなで手分けして募金箱を作るのだ。「よりあい」には工作の得意な職員がたくさんいた。手作りの募金箱は、みるみるうちにその数を増やしていった。色紙やシールや絵を貼りつけた個性的な募金箱が山ほどできた。準備は万端整った。問題は山ほどできたその募金箱を、いったいどこに置くかだった。

「みんなで手分けして、置いてもらえる場所を探しましょう！」

気炎を上げてはみたものの、職員は山のような募金箱を抱えて途方に暮れることになった。というのも、募金箱の設置をお願いするというのは、案外、難易度の高いミッションだったからだ。

これが地球環境保護のためとか、災害に遭われた方のためとか、恵まれない子どもたちのためとか、誰もが納得する「大義のある募金箱」の設置なら、まだ頼みやすかったのだと思う。けれど、自前の施設を建てるのにお金が足りないから、どうか募金箱を置かせてくださいなどというのは、厚かましいと言われれば厚かましい。設置をお願いするにはより多くの説明が必要になるだろうし、詳しく説明したところで「それって、おたくの問題でしょ？」と言われれば返す言葉はひとつもない。「まあ、そこをなんとか！」と食い下がるのが「営業力」というものなのだろうが、残念なことに「よりあい」には、「工作力」に長けた人間は多くいても、「営業力」に長けた人間はまるでいなかった。そういう局面に立たされると、途端にしどろもどろになってしまう人間の集まりなのだった（下村恵美子は別として）。

＊

ちょうどそのころ、村瀬孝生に大手マスコミから二つのオファーが舞い込んだ。「よりあい」の日常を映像化したいというドキュメンタリー番組の取材依頼と、新聞に連載エッセイを書かないかという原稿依頼である。

「これに飛びつかない手はないんじゃないですか？」

僕は世話人会でそう進言した。

「テレビや新聞を通じて広く知ってもらえれば、Tシャツも売れるし、寄付をしたいという人もたくさん出てくると思う。こんなチャンスはめったにない」

募金箱を置いてもらえる場所もきっと増えるはずだし、運がよければ向こうからその申し出が来るかもしれない。いいことずくめじゃないか。僕はそう思った。すると下村恵美子は即座に「だめだ！」と言った。

「世の中には、もらっていいお金と、もらっちゃいかんお金がある！」

珍しく厳しい口調だった。

「そんなものを利用して集めたお金は、自分たちで集めたお金とは言わない。自分たちで集めたと胸を張って言えないなら、そんなお金にはなんの意味もない。意味のないお金でどんなに立派な建物を建てたって、そんな建物にはなんの価値もない！」

そして下村恵美子は「そこを間違ったら、私たちは間違う」と言った。


その夜、僕は議事録を起こしながら、下村恵美子の発言について考えを巡らせることになった。

もらっていいお金と、もらってはいけないお金がある。意味のあるお金と、意味のないお金がある。自分たちの力と呼べる力と、自分たちの力とは呼べない力がある。間違っていることと、間違っていないことがある。その違いがわからなければ、僕が何を間違おうとしていたのかはわからない——。

よく考えないとわからないことに、大事なことの多くは潜《ひそ》んでいる。それは茂みの奥に転がっていった小さなボールだ。草にかぶれ虫に刺されながら探すボールだ。

5

難航していた募金箱の設置は、ちょっとした発想の転換によって動き出した。

一人で行くのが無理だというなら、二人で回ればいい。二人でも不安だというなら、三人で行けばいい。四人で行くのはさすがに向こうも怖がるだろうからやめた方がいい。

職員は近所の商店街を回り始めた。何事も案ずるより産むが易《やす》しだ。好意的に置いてくれる店があった。「あんたたちはそこまでやってるのか！」と感心されることもあった。もちろん丁重に断られることもあったが、二人で回れば、それも笑うことができた。僕も回った。営業力ゼロの僕は、一軒しか置いてもらえなかった（僕は打たれ弱いのだ）。職員は公民館や福祉プラザにも頭を下げて回った。山のようにあった募金箱は少しずつ街に置かれるようになり、ぎっしり小銭の詰まったペットボトルが戻ってくるようにもなった。

回収されたペットボトルからジャラジャラとお金を取り出すのは、楽しい作業だった。テーブルには小銭の山がこんもりとできた。一円、五円、十円に混じって、五十円、百円、五百円の姿もあった。ときには青い千円札も紛《まぎ》れていて、くしゃくしゃになったお札をきれいに伸ばすと、手のひらに日本銀行券のにおいがついた。

お金は同じ単位の硬貨をピックアップして数えていく。お金を数えるとき、人はなぜかいい顔になる。ちゅうちゅうたこかいな。十枚数えたらきれいに重ねてお金の塔を作る。硬貨は思いのほか手垢で汚れている。指はすぐに真っ黒になった。ちゅうちゅうたこかいな。いくつもの塔がテーブルに並んでいく。一円の塔。五円の塔。十円の塔。五十円の塔。そして百円の塔が少し。五百円は塔になるほど入っていない。ちゅうちゅうたこかいな。僕は改めてお金というものを知る。百円玉は百枚数えると一万円になるが、一円玉は百枚数えても百円にしかならない。同じ手間をかけて数えても、一円玉と百円玉にはこれだけの差ができるのだ。当たり前と言えば当たり前の話なのだが、この事実は僕にとって新鮮な驚きだった。ちゅうちゅうたこかいな。僕は百円玉が好きになっていく。百円玉が偉く見えて仕方がない。

そんなことを感じながら、僕は下村恵美子と募金の集計をしていた。集計が終わると金額を書き出して、各「よりあい」に速報のファックスを入れていた。

「○○ベーカリー様設置の募金箱　一万三千六百十二円也!　ありがとうございまし

た！」

＊

資金部長を任された後藤さんは、浮かない顔をしている日が多くなった。数字が苦手なことに加えて、集める金額の大きさからくる重圧のようなものも感じていたのだろう。後藤さんは、責任を一人で背負ってしまうようなところがあった。自分でなんとかしようという気持ちが強すぎるのだ。溌剌《はつらつ》さを失った後藤さんは、どこか痛々しく見えた。

世話人会では各部会からの報告がある。後藤さんは下を向き、「Tシャツが思うように売れてません」と小さな声で今月の報告をしていた。

世話人会が終わったあと、そんな後藤さんに下村恵美子が喝を入れていた。

「あんたがそげん顔をして、どげんするね。しゃんとせんね。お金はみんなで集めにゃいかんとやろ。そげんときに、あんたがしょげかえっとったら、みんなもしょげかえるやろ。後藤さん。こういうときこそ、うそでもいいけん、笑っとかにゃいかんよ。

そしたらみんなが、あんたについてくる。みんな、あんたのこと好きなんやけん、そのことに自信ば持って、もっと大きな声でやりなさい」

もう多くの世話人が帰ってしまったカフェの片隅で、後藤さんは瞼《まぶた》を真っ赤に腫らしながらそれを聞いていた。

「自分が今やっとることに、自信ば持ちなさい。あんたは、ひとつも恥ずかしいことやらしとらんよ。お金がないけん、お金を集めよる。それは少しも恥ずかしいことやないよ」

＊

僕は下村恵美子から聞いた話を思い出していた。「よりあい」が自分たちの施設を初めて作ったときの話だ。

女三人で広島まで行商に行った。目指すは介護職が二千人も集まるというセミナーだ。その会場で「物販をしても構わない」という許可をもらったのだ。三人は送迎に使っていた大きな車に、積めるだけの商品を押し込んだ。詰め込みすぎたせいで、一人はその商品の山に埋もれるようにして座ることになった。高速道路に乗ってはみたものの、商品に視界をふさがれて、後方確認はまったくできない。事故に遭っては元も子もないと、三人はのろのろ運転で広島を目指した。夜に出発して朝に着いた。結局一睡もできなかった。

そんな三人を意気に感じた主催者の一人が、一席設けて参加者に訴えた。

「この三人組は福岡からやって来た。なんの後ろ盾も持たずに自前の施設を作ると言っている。その資金がいるそうだ。彼女たちは行商をしながらその資金を稼いでいる。見上げた根性じゃないか。よかったら商品を買ってやってくれ。物はいいそうだ。それからカンパができる人はカンパをしてやってくれ」

そういう形で施設を立ち上げる人間がまだいなかった時代である。多額のカンパが寄せられた。三人は事の成り行きに目を白黒させながら、お札だらけのカンパを廊下で数えていた。そこに三人組の男が近づいてきた。セミナーで講師を務めていた男と、その取り巻きらしかった。男は廊下でお札を数えていた下村恵美子たちにこう言った。

「お前たちはあれか？　人の金を当てにして施設を作るつもりか？」

明らかに気にくわないという顔を男たちはしていた。

「そんな施設作ってどうするんだ？　女三人でやろうっていうのか？　金はどうする

んだ？　一生行商を続けるつもりか？　まったく笑わせてくれるよ。そんな施設、作ったってどうせすぐつぶれるよ。甘いんだよ。考えが甘すぎるんだよ！」

下村恵美子は何も言い返さなかった。それは極めて珍しいことだった。頭に血を上らせながらも、その場は黙って聞いていた。けんかをしに来たわけではない。商品を売って、資金を稼ぐために来たのだ。

広島での行商は大盛況だった。品物を売って売って売りまくった。意地で売った。全部売った。女三人組はきっちり片をつけると、主催者に礼を言って会場を後にした。すっかり軽くなった車は、高速道路をすべるように走った。実に快適なドライブだった。会話も弾んだ。もたもた走る貨物トラックはひとつ残らず追い抜いた。いろいろ言う人は少なからずいる。でも、力を貸してくれる人も確実にいる。誰も行かない道を行こうとするなら、歯を食いしばってやるより他はない。

それが「よりあい」の（そして下村恵美子の）資金作りの原風景だった。

＊

後藤さんは大学のキャンパスに恩師を訪ねてみることにした。Ｔシャツやトートバッグや募金箱を抱えて。かつて後藤さんはこの大学の福祉科の学生だった。高校も福祉科のある学校を選んで通った。介護の世界で働く。それは後藤さんにとって、ずっと前から心に決めたことだった。大学卒業後、「よりあい」に職員として採用された後藤さんは、「よりあい」以外の職場を知らない。

「私、今、資金部長をやってます。老人ホームを建てるんです。そのお金を集めてます」

かわいい教え子がそんな形で訪ねてくれば、手ぶらで帰せる教師はいない。学生課の職員たちも無下《むげ》にはできない。それぐらいのことは後藤さんにもわかっていた。わかっていたからこそ、今までできなかったのだ。Tシャツが売れた。トートバッグが売れた。募金箱も置かせてもらえた。さっそく募金をしてくれる職員もいた。恩師はポケットマネーから寄付もしてくれた。募金箱を回収に行くたびに、恩師は寄付をしてくれた。そして何かと力になってくれるようにもなった。

臆病風に吹かれなければ、事は少しずつ動き出す。大切なことは、申し訳ないと思う気持ちを、ありがとうという気持ちに変えることだった。それができれば自然と腹は据わってくる。調子に乗ることもなければ、間違うこともなくなっていく。

6

「よりあい」の資金作りには「ちまちま」系と「祭り」系のふたつがある。「ちまちま」系だけでは気が滅入るし、「祭り」系だけでは足元を見失う。その両輪をダイナミックに転がして、モチベーションを維持していくのがポイントだ。

「ちまちま」系の代表格は、職員手作りのジャムだ。季節の果物に砂糖とレモンの果汁を加え、時間をかけて煮詰めて作る素朴な味のジャム。これを売って資金を稼ぐのだ。

そのジャム部隊の工場長に任命されたのが、吉満里美《よしみつさとみ》さんだった。吉満さんは「ちまちま」好きの職員である。形も大きさも違うビーズをちまちま組み合わせ、細いテグスで連結し、複雑なモザイク模様の指輪を作るのが趣味である。吉満さんはさっそく激安スーパーの折り込みチラシをチェックし始めた。ありとあらゆる食料品の特売情報がモザイク模様のように並ぶ目まいのするようなチラシだ。吉満さんはそれをくまなくチェックする。探しているのは「砂糖の特売情報」だ。吉満さんは鬼である。

どんなにこっそりその情報を掲載しようとも、工場長・吉満里美の目を欺《あざむ》くことはできない。

砂糖一袋98円（お一人様おひとつ限り）

「砂糖を死守しましょう！」

各「よりあい」に指令を下した吉満さんは、まず自らが動く。オースチン・ミニを飛ばして、チェーン店を根こそぎ回り、砂糖を一袋だけ買い求め、風のように去る。吉満さんは脇目も振らずにまっすぐ歩く。用のない他の売り場には一切近寄らない。とてもクールだ。オースチン・ミニの助手席には、そうして砂糖が一袋ずつ積み上がっていく。

指令を受けた各「よりあい」の職員も動く。こちらは一度でごっそり買う方法をとる。送迎車にノリのいいお年寄りを乗せ、ドライブと称してスーパーに繰り出すのだ。

「これ持ってレジに並んでくださいね」

「なんで砂糖こんなに買うん？」

「いいから並んでくださいね」

「あ、ここにもある！」

「それは昆布です」

「昆布は買わんでいいん？」

「昆布はいらないです」

レジには砂糖を一袋だけ持ったお年寄りたちがずらりと並び、各自百円玉で支払いを済ませる。レシートをもらい、おつりをもらう。

「近くにもう一軒あるから寄りましょうね」

「もう砂糖は買わんでよか」

「そんなこと言わないで行きましょうね」

「昆布は買わんでいいん？」

「昆布はいらないです」

砂糖特売日の「よりあい」は、めちゃくちゃおもしろいことになる。

果物はいろんなところから入手する。

実家が農家の職員がいる。ブルーベリーを栽培する農家である。たわわに実るころになると、世話人と職員が喜んで摘みに行く。

いちご農家を営む人とも知り合いになった。高級品で知られる「博多あまおう」を栽培している農家だ。毎年、収穫が終わりを迎えるころになると連絡が入る。「今年も好きなだけ摘んでいきなさい」。いちご狩りと称して、職員は熟れた果実をときどき頬ばりながらそれを摘む。「博多あまおう」がびっしり詰まった木箱は、もうそれだけで甘いにおいだ。粒の揃った赤いいちごは見た目にも美しい。持ち帰った戦利品は、もちろんお年寄りたちの口にも入る。練乳をかけなくても、それは甘い。歯のない口でも歯茎で噛めば、その甘い果汁が口の中に広がる。

果物は特産物を扱う「道の駅」などで仕入れてくることもあった。キウイ、桃、りんご、パール柑《かん》……。「よりあい」職員にかかれば、もうジャムにできない果物はない。ついには、しょうがのジャムまで開発した。これは紅茶にとても合う。寒い冬にはぴったりのジャムで、カレーの隠し味にも使える。

ジャムは夜勤明けや休勤日の職員が厨房に入って作る。皮を剝《む》き、計量して鍋に入れ、アクを丁寧にすくい取りながら弱火で煮詰めていく。それは時間のかかる作業だ。出来上がったら、煮沸消毒したガラスの瓶に詰めて逆さにする。こうして粗熱を取っていくと、瓶は真空状態になる。物理学を利用した保存法らしい。もしかすると、ボイル＝シャルルの法則かもしれないが、詳しいことはよく知らない。

手作りジャム、一瓶四百円。これで粗利はおよそ二百円といったところだ。講演会やカフェの営業日に販売する。工場長の吉満さんは、そのスケジュールに合わせて段取りを組み、生産ラインを確保して、ジャム作りに励む。吉満さんは脇目も振らずにまっすぐ歩く。とてもクールだ。

＊

「祭り」系の資金作りには、ふたつの系統がある。バザーとチャリティイベントだ。このふたつは「仕込み」が命の「祭り」だ。つまり見た目の派手さとは裏腹に、舞台裏は「やっぱり地味」ということだ。

バザーはまず近所にチラシを撒《ま》くことから始まる。ご自宅に使わないまま眠っているものはありませんか？——そう呼びかけるのだ。

時代は断捨離だ。とにかくいろんなものが「よりあい」には集まってくる。一度も使われないまま眠っている湯飲みや皿の類いは、世界に山ほどあるらしい。そうしたものが箱に入ったままの姿で大量にやってくる。和装で出かける機会が減ったせいか、着物、帯、反物《たんもの》の類いも結構な頻度で持ち込まれる。たんすに長いこと眠っていたらしいそれらは、かすかに樟脳《しょうのう》のにおいがする。ほこりをかぶった電化製品は、アンティークショップが喜びそうなデザインのものがときどき紛れている（村瀬孝生が好んで使う時代のものだ）。電気スタンドや電動の置き時計には、確かにおもしろい形のものが多い。封の開いていないバスタオルや寝具、未使用の台所用品、使い道のよくわからない健康器具などなど。仕分けをするだけで、もうくらくらしそうだ。

もちろん、集めただけではバザーはできない。バザー開催日の一週間ほど前になると、「よりあい」職員は多忙を極める。商品を選別し、掘り出し物を掘り出し（プラチナのネックレスがあったりする！）、新しい価値を見いだして、値付けをする。それは決して楽な作業ではない。手間と時間が山ほどかかる。幸運にも世話人の中には目利きがいて、次から次へと値付けをしていくのだが、それでも丸二日から三日は優にかかる。

バザーには模擬店も出る。カレーに焼きそば、おでんにぜんざい、唐揚げやかしわ飯などを作ってにぎやかに売る。これが結構売れるのだ。調理に必要な鉄板やプロパンガス、日よけのテントやテーブルの事前手配は必須だ。頼りになる助っ人軍団にも声をかけ、仕込みのお手伝いをお願いする。

「ああ、わかっとるわかっとる！　いつもんごとバシッとしちゃあけん、うちらにまかせとき！」

こんなとき、威勢のいいおばちゃんほど頼もしい生命体はこの世にいない。「よりあい」には世話人のおばちゃん以外にも、有事の際に力を貸してくれる「義勇軍」のようなおばちゃんたちが大勢いるのだ。

バザーがいよいよ間近に迫ると、職員はクッキーを焼き始める。ドライフルーツをふんだんに入れたパウンドケーキも焼き始める。チョコレートを湯煎で溶かし、ポン菓子をコーティングし始める。そうして作ったお菓子をいくつかまとめて透明な袋に詰め、小さなリボンをかけて値札のシールを貼っていく。

会場の設営や飾り付けも始まる。色とりどりの画用紙を切り貼りして案内板を作ったり、宣伝文句を書いたにぎやかなポップをあちこちに張り巡らせていく。バザー隊長に任命された職員は、そうした準備のすべてを取り仕切り、工程表を眺めながら、ぬかりがないかをチェックして回る。

カフェブース。模擬店ブース。雑貨ブース。よろず屋ブース。スイーツブース。最近では「絹の会」のブースもできた。

絹の会は、持ち込まれた着物をほどき、洋服にリメイクする裁縫部隊のことだ。職員や世話人、近所の裁縫好きの人によって編成されている。メンバーはバザーに向けて、半年近く前からこつこつと準備をする。デザインを考え、ミシンを踏み、ひとつ、またひとつと売れそうな作品を仕上げていく。下村恵美子もメンバーの一人だ。しかし、せっかちな性格が災いするのか、下村恵美子の作品はミシンの縫い目がいつも少しだけ歪《ゆが》んでいる。

僕らはそうして当日の朝を迎える。準備に手間取り、徹夜でのぞむ職員もいる。世話人も所定のポジションにつき、最終チェックに忙しい。大がかりなバザーだ。スタートを待ちきれないお客さんが「よりあい」の前に列をなして押し寄せ、まだかまだかと会場係に詰め寄っている。そうこなくちゃいけない。バザーは祭りだ。盛大にやってナンボのものだ。普段出さない大きな声を上げてお客さんを呼び込み、ひとつでも多く物を売るのだ。

7

チャリティイベントは、失敗できない大きな祭りだ。ゲストを招き、プログラムを組み、大きな会場を押さえて、チケットを売る。それは規模の違いこそあれ、一般の興行と同じだ。準備にはそれなりのお金が必要になるし、しくじれば大損も覚悟しなければならない。だからイベントによる資金作りは、「よりあい」にとってもひとつの賭けなのだ。

チケットは、人海戦術を駆使しての手売りである。娘を質に入れてでもチケットを売りさばき、頭を猿に噛まれてでもチケットを売りさばき、切腹中に腹を切りながらでもチケットを売りさばく。チケットはいかがですか？　チケットはいかがですか？　それぐらいの気概と覚悟がなければ広い会場を満席にはできない。

そんな僕らに必ず救いの手を差し伸べてくれるのが、詩人の谷川俊太郎《たにかわしゅんたろう》さんだ。谷川さんは知名度抜群の人気者である。八十歳を超えてなお、詩の注文を山ほどこなす。講演や詩の朗読依頼も引く手あまたで、全国を忙しく飛び回る。超人的仕事中毒者。そう言ってもいいだろう。その少しどうかしている年寄りの首根っこをつかまえる――つまり谷川さんのスケジュールを確認し、仮押さえをするところから、イベントの仕込みはスタートする。

谷川さんはなぜか「よりあい」に好意的だ。付き合いはもう二十年近くになるらしい。まぁ、そんなふうに書けば何やら美しい響きがあるのだが、「よりあい」と出会ってしまったばっかりに、二十年もの長きにわたって甚大な被害を被《こうむ》り続けている犠牲者の一人、と書いた方が本当は正しいのかもしれない。気の毒な話である。シンパシーを感じる。

谷川さんを「よりあい」に引っ張り込んだ張本人は（言うまでもないことだが）下村恵美子である。出会いは静岡県で行われた講演会の打ち上げ会場だったという。そこで下村恵美子は谷川さんの詩ではなく、お尻に一目惚れしてしまった。きゅっと締まってぷりっと上がったいいオケツ。そういうものを発見したときの下村恵美子は、遠慮という概念が頭からすっぽり抜けてしまう。ここぞとばかりに、ぱしゃぱしゃお尻の写真を撮りまくる。お尻。お尻。お尻。お尻。不審なカメラアングルにさすがに気づいた谷川さんが尋ねた。

「さっきからなに撮ってるの？」

「いろっぽいじいさんの尻……」

一生の不覚を取るときというのは、案外こういうときなのかもしれない。詩人・谷川俊太郎はその「いろっぽいじいさん」という言葉の響きに参ってしまった――と、どうもそういうことらしい。それをきっかけに、二人は言葉を交わすことになった。谷川さんには介護経験がある。ぼけを抱えた母親と一緒に暮らすことで、きつい思いをした時期も長い。下村恵美子と「ぼけの世界」について話をすると、そのころよくわからなかったことが、そしてあのとき母親とどう向き合えばよかったのか、その謎がすっと氷解していくような感覚があった。とにかく、谷川さんは下村恵美子という生命体とすぐに仲良くなった。そして下村恵美子という生命体は（谷川さんの前では）夢見る乙女に変身するようになった。小さな目のようなものの中にある瞳をうっとりと輝かせ、一万ボルトの電流をパチパチの火花にしてスパークさせるようにもなった。

「谷川さん……あのね、私ね……」

下村恵美子の普段の姿をよく知る僕らにしてみると、その変貌ぶりは腹がよじれるほどおもしろい。だが、そこで少しでも笑おうものなら、あとで殺されるような目に遭うので、僕らは血が滲むほど唇を噛みしめ、耐えがたきを耐え、忍びがたきを忍ばなければならない。それは心頭の滅却を必要とする一種の修行だ。

＊

二〇一三年九月に西南学院大学チャペルで行われた「よりあいチャリティコンサート」は、ふたを開けてみれば、予定になかった二階席を開放しなければならないほど、チケットが売れていた。八百人を優に超えるお客さんが足を運んでくれたのだ。物販ブースのあるロビーは開場とともにごった返し、ジャムやTシャツやクッキーを買い求める人々が幾重にも列をなして並んでいた。

楽屋では谷川さんが色紙に詩を書いていた。老眼鏡をかけた谷川さんは、筆をさらさらとすべらせながら、「ひらがな」だらけの詩をほとんど一息で書き上げた。

はなのののはな
はなのななあに
なずななのはな
なもないのばな

その「ひらがな」だらけの詩は、視覚的にもユニークな詩だった。特に一行目の「の」の字の連続は、意味のある文字の連続であると同時に、子どもが遊びで描いた愉快な模様のようにも見えた。それは読むこともできるし（とてもかわいい詩だ）、絵のように眺めることもできる詩だった。

この日のプログラムはそれにしても豪華だった。村瀬孝生と谷川さんの対談があり（後半は谷川さんの認知症度をテストするというとんでもない内容だった）、ＤｉＶａ《ディーヴァ》のコンサートもたっぷりあった。ＤｉＶａは谷川さんの長男・賢作《けんさく》さんが率いる音楽ユニットだ。現代詩を歌う珍しいグループで、全国で演奏活動をしている。この日はスペシャル編成で、曲の合間に谷川さんの詩の朗読もあった。真新しいチャペルには大きなパイプオルガンがあって、舞台には荘厳な雰囲気が漂っている。賢作さんの弾くグランドピアノの音もコンサートホール並に美しく響いた。

それにしても音楽の力はすごい。会場に足を運んでいた「よりあい」のお年寄りの中には、興奮のあまり立ち上がる人も出た。そして自分もここで歌いたいと言い出した。「アタシも『憧れのハワイ航路』を歌おうと思うのだが、歌の本はどこにあるかね」。そう職員に何度も尋ねては「ユキオさんの出番は明日です」と諭《さと》されていた。こんな立派なチャペルのステージで、満員のお客さんを前に「憧れのハワイ航路」を歌う。それはユキオさんにとって、いい冥土の土産になったことだろう。そうしてあげられたらよかったなと、今になって僕は思う。

しかしチャペルのステージで歌ってみたいと思ったのは、何もユキオさんだけではなかった。千載一遇のチャンスとばかりに、周到な準備をしていた輩《やから》がいた。ゲリラ的にステージを占拠し、満員のお客さんの前で一発かまして笑いを取る（それは、僕ら世話人にも内緒で秘密裏に計画されていた）。もちろん、そんなメチャクチャなことを考える輩は一人をおいて他にはいなかった。

8

舞台袖に現れた下村恵美子は、なぜか白いロングドレスを着ていた。唇に真っ赤なルージュを引き、わけのわからないかつらまでかぶっていた。それは歌姫というより、関西の古典的な漫才師か「オバケのQ太郎」を思わせる格好だった。

さらに下村恵美子は、その小さな目のようなものの上に、ギャル風のつけまつげを貼りつけようと悪戦苦闘しはじめた。しかし姿見に映ったそんな自分の姿に笑いがこみ上げてしまうのか、手はぶるぶると震え、つけまつげはあらぬところにくっついて、さらにおもしろいことになるだけだった。

「ええい、もう！　いっちょん好かん！」

下村恵美子が投げ捨てたつけまつげは、舞台袖の床に「ぴっ」と立って貼りついた。床に貼りついたそれは、カールした毛を背中に逆立てた「やばい毛虫」に見えなくもなかった。そして舞台袖には、おかしなスーツ姿の村瀬孝生も現れた。明らかにサイズが合っていないそのだぶだぶのスーツは、バカしか着ないような水色の上下で、首にくくりつけられた大きな蝶ネクタイもアホみたいなピンク色だった。そうして村瀬孝生は、おかっぱ頭に大量のヘアムースを塗りつけられ、女性職員の手によって無理やり横分けにされようとしていた。まるで狂った七五三だった。準備を手伝っていた職員は、ひいひい笑い転げながら、まもなくステージで繰り広げられるだろう地獄の余興ショーに心を躍らせていた。

「そろそろ時間です！　音楽出します！」

タイムキーパーからの指示が舞台袖に伝えられた。心の準備がいまだ整っていない様子の村瀬孝生は「ねえ、ホントにやるの？　ねえ？　ねえ！」と最後の抵抗を見せていたが、この期《ご》に及んでそんな命乞いのような発言をしたところで、それを認める者は誰もいなかった。村瀬孝生は獄門場に送られる罪人のように取り押さえられると、下村恵美子によって光り輝くステージへと連行されていった。

*

よほど気持ちがよかったのだろう。温泉につかった猿が「はぁ〜」とため息をつくときのような顔をして、下村恵美子は熱唱していた。舞台袖でゴネていた村瀬孝生もさすがに観念したのだろう。あごを引き、左右にカクカク首を振りながら、ときどき流し目を決めて歌っていた。

星よりひそかに〜　雨よりやさしく〜

ステージ上で二人がデュエットしていた曲は、往年の大ヒット曲「いつでも夢を」

だった。昭和三十年代の高度成長期。若き日の吉永小百合と橋幸夫が明るく高らかに歌い上げ、日本レコード大賞受賞曲にもなった名曲中の名曲である（連続テレビ小説『あまちゃん』の劇中でも登場していた曲だ）。二人は恐れ多くも、その吉永小百合と橋幸夫に扮《ふん》していたのであった。そしてさらに恐れ多いことには、名匠・佐伯孝夫の歌詞をあちこち改変し、「いつでも寄付を」という替え歌にして歌っていたのであった。

言ってみるみる～　お持ちなさいな～
いつでも寄付を～　いつでも寄付を～

下村恵美子は大きなお尻をふりふりさせながらくるくるくるくる回転し始めた。村瀬孝生は橋幸夫スタイルの歌唱法をどこまでも忠実に決めまくっていた。その後方では、若手男性職員が狂った体操服のようなものを着用し、ハチマキを締めてやんやんやんやん踊っていた。爆笑に次ぐ爆笑。巻き起こる手拍子。西南学院大学のチャペルは今、宗教施設としての威厳を放棄し、大衆に開かれた演芸場へとその姿を変えようとしていた。荘厳さをたたえていたはずのパイプオルガンの巨大パイプも、この余興の前では、もはやスケールの狂った「のど自慢」の鐘にしか見えなくなっていた。

「ああ、すっきりした！」

しかし余興はそれで終わりではなかった。下村恵美子は楽屋で谷川さんが書いていた直筆の色紙を手に叫んだ。

「よりあいチャリティオークション！　はじまりはじまりぃ～！」

チャペルはもう下村恵美子によって占拠されたも同然だった。気がつくと、谷川さんと息子の賢作さんもステージに登壇し、オークションの助手を務めていた。下村恵美子は谷川さんに色紙を手渡すと、その手を高々と掲げ、オークション品の紹介を始めた。

「詩人・谷川俊太郎、八十一歳っ！　さっき楽屋でちゃちゃちゃっと書いたこの直筆色紙！　もうお歳もお歳です！　これが最後のチャンスになるかと思います！　三十年後には立派なお宝間違いなし！　スタート価格はズバリ千円から！」

息子の賢作さんもマイクを握ってノリノリだった。

「そうだそうだ！　いつまでも生きていると思ったら大間違いだ！　いつまでもあると思うな直筆色紙！　買って安心、未来の骨董！　さあどうだ！」などとめちゃくちゃな合いの手を入れて、値段のつり上げに一役買っていた。谷川さんも、五千円、一万円、一万五千円と、どんどん跳ね上がっていくオークション価格に興味津々で、「そんなに高く売れるなら、今のうちにたくさん書いておこうかなぁ」と、一緒になっておもしろがっていた。

続いてのオークション品は想像を絶する品物だった。

「汗つき、しみつき、においつき！　正真正銘！　これぞ脱ぎたてのほっかほか！　日本を代表する詩人着用のTシャツでーす！」

下村恵美子はそう叫ぶと、谷川さんの着ていたTシャツを剝《は》ぎ取り始めた。谷川さんはへらへら笑いながらバンザイし、されるがままにTシャツを脱がされていた。

「あら、まぁ、いいにおい！　着てよし、嗅いでよし、飾ってよしの三拍子！　これさえあれば、独り寝のあなたも寂しくない！　他じゃ絶対手に入らない、詩人のにおいが染みついた奇跡の逸品でーす！」

僕はこの場に敬虔《けいけん》なクリスチャンがいないことを祈った。しかしマイクを握った賢作さんは、さらに激しい合いの手を入れて、オークションをヒートアップさせていた。

「果たしてこんなことが許されていいのだろうか！　無抵抗な老人が今、公衆の面前で身ぐるみ剝がされようとしている！　おまわりさーん！　ていうかさぁ、親父も少しは抵抗しろよ！　いくらなんでも、おもしろすぎるだろ！　このままじゃズボンもパンツも持っていかれるぞ！」

ランニングシャツ一枚になった谷川さんは、そんな姿になっているにもかかわらず、壇上で実に楽しげに笑っていた。

04 ひとりぼっちのヨレヨレ篇

1

　僕が「よりあい」に足繁く通えたのは、他でもない、僕という人間が恐ろしく暇だったからだ。僕にはなんの予定もなかった。毎日朝方までだらだらと起きて過ごし、昼前までだらだらと寝て過ごしていた。そんな人間が日中パリッとしているはずは当然ないわけで、僕はおよそ無益かもしれないことをして日々を過ごしていた。猫と同じだ。時間を持て余し、気が向けば虫やトカゲを追いかけ、それが姿を消してしまうと、しかるべき場所で丸くなる。そしてどうなるわけでもない。

　妻はそんな生活態度の僕を特に叱ることもなく、人間のクズと罵《ののし》ることもなかった。朝早く起床し、猫に餌を与えると、素早く身支度を整え、弁当をふたつ詰めて、バタバタと仕事に出かけていった。僕はその様子を半分夢の中で追いかけていた。ふたつ詰める弁当のうち、ひとつは僕の弁当だ。僕はそれを昼のニュースを観ながら食べることになっている。まったくふざけた話だ。いつ叩き出されてもおかしくない。カリカリ。カリカリ。猫がドライフードを食べる音がする。僕は布団を頭からかぶり、再び夢の世界へと逃げこんでいく――。

そんな僕の午後は気だるかった。妻の詰めてくれた弁当を食べ終わり、洗い物を片づけてしまうと、僕にはもうするべきことがなくなってしまう。今日も携帯電話が鳴る気配はないし、ファックスが届きそうな様子もない。もちろんメールだって来ない。それが干されっ子の日常だ。仕事依頼ゼロの日はそうして際限なく続いていく。恐ろしい話だ。

しかしこんなときこそ、僕は努めて明るく振る舞おうと思うのだ。心を貧しくしないように気を配り、筋力を落とさないように鍛えておく。それはとても大事なことだ。

僕は録りためた映像作品の中からランダムにドラマを選択して再生を始める。ノートを広げ、カットを絵コンテに起こし、セリフやナレーション、人物の動きやカメラワークを書き込んでいく。ズーム、パン、フォロー。カットの割り方とつなぎ方。何をセリフで語らせ、何を画《え》で語らせていたか。気配を記録するのに、どんな演出をしていたか。おもしろい脚本とつまらない脚本。おもしろい編集とつまらない編集。鉛筆で丹念に書き込んでいくと、その違いが生む圧倒的な差に驚かされる。そういうものが、いつか僕の仕事にも活かせたらどんなにいいだろう。仕事のもらえない僕は、そんなことを思いながら絵コンテを起こし、あり余る暇をつぶしていた。

＊

四十代の初めのころ、僕は丸一年、仕事にあぶれたことがあった。せっかく買った手帳にはなにひとつ書き込む予定がない。あせった僕は、少ないツテを頼りに売り込みに行った。まるで御用聞きみたいにデスクの横に張りつき、宣材のような資料を差し出して頭を下げる。僕にはこんなことができます。いかがでしょう。悪いようにはいたしません。こんなことを自分で言うのもなんですが、ギャラ以上の仕事をすると各地で評判です。なんてね。いかがでしょう。あはあは。

僕はぎくしゃくしながら自分で自分を売り込んでいた。必死だったと思う。恥ずかしくもあった。かゆくもない頭を照れ隠しに掻いていると、どういうわけか背中や足の甲が本当にかゆくなってきた。自分から売り込みに行ったくせに、早くその場を立ち去りたくて仕方がなかった。おかしな汗もたくさん出てきて、ぐっしょり湿ったシャツが重たくなっていった。

売り込み先の反応は総じて鈍かった。みんな実に渋い顔をして僕の話を聞いていた。若いヤツならともかく、四十過ぎた男が今さら売り込みに回っているのだ。落ちぶれてるね。哀れなヤツさ。どうせ面倒ばかり起こすヤツなんだろう。関わり合いになるのはごめんだね。こっちは忙しいんだ。もう帰ってくれないかな。そこ邪魔なんだよ。悪いな。お前に頼みたい仕事なんかひとつもないんだよ。そう思われていたとしても仕方がなかった。

その証拠に、売り込み先から電話がかかってくることはただの一度もなかった。僕は結局、どこの誰からも相手にされなかった。

そのころの僕は、月に四十冊も本が読めた。それぐらい暇だった。来る日も来る日も小説ばかり読んでいた。どれも百円で買ってきた古本だった。百円の本はボロだった。中には変なにおいのする本や染みの浮き出た本もあった。カバーのついてない本も時々あった。

小説の素晴らしい点は、主人公に立派な人間がまるでいないところだ。僕と同じだ。どうしようもない。どいつもこいつもうまくいかずに悶々としている。僕は夢中になってそれを読んだ。百円で買った小説の中にも、心を打たれる作品がたくさんあった。

主人公は多くのものを失う代償として、わずかばかりの何かを得ることになっていた。そのわずかばかり得た何かの中に、大切なものが含まれているようだった。僕の心を打った小説の多くはそういう話で、痛みを伴う作品が多かった。そしてその痛みの中に、乾いたユーモアが滲んでいた。

おもしろい文章や素晴らしい文章もたくさん見つけた。僕はそれをノートに書き写して、そのおもしろさや素晴らしさの秘密がどこにあるのかを探ったりしていた。すぐれた短編は丸ごと写した。今はきっと勉強の時期なのだ。そしてそれはいつかきっと、僕の仕事にも活かせる日が来る。そう思っていた。

しかし、そんなことをいくらしたところで（少なくとも僕の住む街では）何の役にも立たなかった。そんなことは誰も期待していなかったのだ。情報に精通し、安く、早く、はみ出さずに、白でも黒でもない、匿名性の高い記事を量産して、効率よく穴を埋めていく。必要とされているのは（結局どうあがいたところで）そういうことだったのだ。そうして作られる誌面は、どれだけページをめくっても、遠浅の海がただ広がっているだけの悲しいものだった。読んでも読まなくても同じ。似たり寄ったりの企画と記事を、何の工夫もなくただ並べただけの、誰が作っても代わり映《ば》えのしない、興奮度ゼロの、色のついたクズ紙だった。当時のそうした出版物は、完全にナメられていたと僕は思う。だから「雑誌に擬態する広告誌」の出現まで許すことになったのだ。それでもまだ、そういうものを量産することが「望まれている」と言うのであれば（誰がそんなものを望んでいるにせよ）、そこで折り合いをつけて仲良くやっていくしかないのだろう。笑ってこの世界で生きたければ、たとえそれが自分で自分の首を絞める行為であったとしても、目をつぶり合って見ないようにすることがきっと得策なのだ。

狭い街だ。道でかつての知人とすれ違っても、見ないふりをしたりされたりすることが多くなっていった。そういうことをしたりされたりするとき、僕の体の中で苦いどろどろとした液体が波打った。いっそ街なんか歩かない方がいいのかもしれない。誰ともうまくやれず、誰とも打ち解けられず、誰とも笑えないのだ。誰からも相手にされず、誰からも認められず、誰からも愛されないのだ。そういう人間がこの街に住んでいるとしたら、それが僕だった。本当にどうしてうまくやれないのだろう。もう居場所と呼べる場所もない。僕は次第に独り言を言って歩くような人間になっていった。

落ち目の人間には、遠慮なく石を投げるというのが世の習いだ。石を投げられ、そして穴に埋められる。手足を縛られ、上から土をかけられる。もう目も口も閉じた方がいいのだろうか。それとも、指でも詰めて詫びを入れてまわった方がいいのだろうか。そうすれば許してもらえるのだろうか。ところでそれは、いったい誰に尋ねればいいのだろう。もういいですか。気は済みましたかと。

そのころの僕は、ドアーズのアルバムばかり聴いていた。「まぼろしの世界」と「ラブ・ミー・トゥー・タイムス」の歌詞をジーパンに書き写し、それを好んではいたりもしていた。きっと完全にどうかしていたのだろう。あるいは、もうやけくそだったのかもしれない。しかし、薄暗い殺し屋のような目をして街を歩いても、道は歪んで見えるばかりで、いいことなどひとつも起きはしなかった。ジム・モリソンの言うとおりだった。

まぼろしの世界

周りの人間がおかしく見えるのは

お前がよそ者だからだ
周りの人間の顔が醜く見えるのは
お前がひとりぼっちだからだ
女が邪悪に見えるのは
お前が相手にされてないからで
落ち目のときは
道という道が歪んで見える

それが二〇〇六年ごろの僕の姿だった。

*

そういう時期が、再び僕の生活の中にやってきたのかもしれなかった。仕事の依頼はもう五か月も途絶えたままである。僕は四十八歳になっていた。どれだけやってもこんなことになるのなら、さすがにこの稼業も潮時ということになるのかもしれない。

ディス・イズ・ジ・エンド。ブレーク・オン・スルー・トゥ・ジ・アザー・サイド。新聞の求人広告を見ると、雇ってもらえそうな会社がひとつだけあった。自動車会社の期間工。勤務地は広島だ。説明会が近々開かれるらしい。初心者歓迎。社員寮完備。実働八時間の週休二日制。半年間働けば、まとまったお金になると書いてある。モーターシティは赤く燃えているのだ。ありかもしれない。人生には振り幅が必要だ。新天地で畑違いの仕事に就いて、再出発の道を探るのだ。でも、どういう人たちが申し込みに来るのだろう。やっぱり僕のような人たちだろうか。うまくいかない人たちばかりが集まって作るニッポンの自動車。孤独のにおいがする三列シートに、ため息の混入したエアバッグシステム。苦い顔が映るバックミラーに、悲鳴を上げるディスクブレーキ。組み立て工場で働くことになるだろう僕は、果たしてハンドルを真っ直ぐに装着することができるだろうか。大量のリコールを生む元凶になったりしないだろうか……。

またそんなことが頭の片隅にちらちらしはじめていた。しかしこんなときこそ、僕は努めて明るく振る舞おうと思うのだ。心を貧しくしないように気を配り、筋力を落とさないように鍛えておく。それが土に埋められながら僕が学んだ大事なことなのだ。悔しかったら拳を握ればいい。正気を失うことがないように、強く握りしめればいい。

僕は再生映像を見ながら絵コンテを起こす。そういうものが、いつか僕の仕事にも活かせたらどんなにいいだろうと思いながら。

二〇一三年の四月から九月までの僕は、またしてもそうした揺れの中で日々を過ごしていた。まぼろしの世界を彷徨《さまよ》うストレンジャー。嵐の中を走り抜けるライダー。地球の自転を止めることができる万能のトカゲ王——ドアーズのメンバーだったレイ・マンザレクは、この年の五月に亡くなっていた。

2

チャリティコンサートが終わってまだ間もない、九月のある日のことだった。そんな僕を呼び出して雑誌を作るように言ってくれたのが、下村恵美子と村瀬孝生だった。二人は僕に「好きなように作って構わない。あなたが作る『よりあい』の雑誌を読んでみたい」と言った。二人は僕が誰に気兼ねすることなく、自由に雑誌が作れるようにと、その環境まで整えてくれていた。制作費も出してくれるという。雑誌を作るのに必要な高性能のパソコンも買ってくれると言った。

編集部の机は「よりあいの森」にある事務所に置かせてもらえることになった。下村恵美子はその机までプレゼントすると言ってくれた。がっしりしたアンティークのいい机があると言うのだ。僕はさすがにそこまでしてもらうのは図々しいと、机だけは自分で買うことにした。リサイクルショップで見つけた、広い天板が魅力の、千五百円の、安物の、軽い机だ。僕はその机を下村恵美子の運転する車に載せて事務所に運んだ。よく絞った雑巾できれいに拭きあげ、窓際に置いた。それが『ヨレヨレ』編集部誕生の瞬間だった。なんかうそみたいと思った。お便所に入ったら泣きそうになった。こんな破格の依頼がまさか「よりあい」から来るとは思ってもいなかったからだ。

「まあ楽しみにしといてください。この街に僕に勝てる雑誌編集者など一人もいませんから。世界がひっくり返っておもしろがる、前代未聞、空前絶後の雑誌というものを、ひとつ作ってお目にかけましょう。あはあは」

まぼろしの世界を彷徨うストレンジャー。嵐の中を走り抜けるライダー。地球の自転を止めることができる万能のトカゲ王。ドアーズ・アー・オープン。僕はその扉が開く日をずっと待っていたのだ。雑誌を作る仕事をするのは、実に十年ぶりのことだった。口からでまかせのハッタリもべらべら出ようというものだ。僕はここには書けないようなハッタリを山ほどかました。かませばかますほどハードルはぐんぐん上がっていった。でもそれでいいのだ。だいたいハッタリひとつかませないクソみたいなヤツに、おもしろい雑誌なんか絶対作れやしないのだ。

「本屋に並んでいる雑誌という雑誌を全滅させてやるぐらいの気持ちで作れ！　しくじったら腹を切って死ね！　腹を切って死んでも平気な顔をしてよみがえれ！　そして何事もなかったようにまた雑誌を作れ！」

僕はそう教えられて生きてきた雑誌編集者だ。その教えを守って生きてきた雑誌編集者でもある。ちょうど予算もないことだ。取材も撮影も原稿も、レイアウトも編集も何もかも、一切合切、全部一人でやってやる——僕はそう決めた。組版ソフトの使い方は今のところまるでわかっちゃいないが、そんなことはどうでもいい。使っているうちに覚えるに決まってる。

誰に対してなのかはよくわからないが「今に見ておれ！」という感じが僕の中にあ

った。これだ。雑誌にはこれがある。この感じがたまらなくいいのだ。これさえあればなんとかなる。表紙はもう決めてある。あの少年の絵に決めてある。あの少年の絵が、僕の作る雑誌には必要だ。僕はさっそく表紙のラフを作り始めた。

3

雑誌『ヨレヨレ』を作るに当たって、僕が相談を持ちかけた人間は、この世にたった一人しかいない。その人間は、編集者でもなければデザイナーでもなかった。ライターでもなければカメラマンでもなかった。僕が話をしたいと思ったのは、ミュージシャンのボギーくんただ一人だった。

ボギーくんは、とにかく何をやってもおもしろい男だった。僕にとっては数少ない友人の一人であると同時に、油断できないライバルのような存在でもあった。正直、僕はボギーくんがミュージシャンであってくれてよかったと思っている。彼がもし、編集者という道をおもしろがって選んでいたら、僕はこの年下のライバルに完全に叩きのめされていたことだろう。

＊

ミュージシャンのボギーくんは「ヨコチンレーベル」という音楽レーベルの社長でもあった。自分の作品はもちろんのこと、「これはおもしろい！」と思ったバンドやミュージシャンの音源を、自主制作という形で自腹を切り、数多く発表していた。表向きには社長と名乗っていたが、当時のボギーくんは（暇さえあれば）日給のバイトも精力的にこなしていた。そうして家族を養っているミュージシャンだった。

「ヨコチン」とは「はみだし者」の意味であると、ボギーくんは僕に言った。

「たとえば遊びに夢中になりすぎた子どもは、パンツの横からチンチンが出ていても気がつかないまま遊んでいますよね。熱中するあまり、便意や尿意も危険水域まで我慢して遊びますよね。場合によっては何かの弾《はず》みで『にょろっ』とそれが出たりすることもありますよね。俺はね、そういうものを見るのが大好きなんです。それぐらいなりふり構わず何かに没頭している姿――あるいはその夢中熱中の結果、どうしても世間の領域から『はみだし』てしまった何かにこそ、美しいものが宿ってるんじゃないかって思うんです。ああ、人の成すべき芸術の基本はそこにあるんじゃないかって。そうであるとするなら、そうした『はみだし』は、叱ったり取り締まったりパンツの中に収めたりせずに、大いに肯定するべきなんじゃないかって。俺が『ヨコチン』と呼んでいるのは、そういうことですよ」

ボギーくんは福岡一精力的に活動しているミュージシャンだった。と同時に、天才的センスを持つプロデューサーでもあった。彼は全国を忙しく飛び回って演奏していた。ライブハウスはもちろんのこと、鮮魚市場、フェリーの船内、民家やバーのカウンターの中でも、お呼びがかかれば出かけていって歌っていた。しかし彼は、自分の演奏の場さえ確保できればそれでいいという人間ではなかった。そうした現場の最前線で「はみだし者」になっているアーティストを独自の嗅覚で発掘していた。毎日のように現場に出ているボギーくんの目は肥えている。「これぞ!」という「はみだし者」を見つけると、声をかけ、ベロベロになるまで飲んで仲良くなる。そして天神という九州一の繁華街にありながら、あまりタチのよろしくない場所にある、その名も「ブードゥーラウンジ」というライブハウス(居心地のいい素晴らしいハコだ)にブッキングし、福岡の「はみだし者」たちと対決させるのだ。

この対決というところが実に重要だった。ボギーくんは、来福するバンドやミュージシャンが燃えるようなシチュエーションを必ず用意する。福岡の「はみ出し者」中の「はみ出し者」を先に演奏させて、舞台を限りなくホットな状態にしておくのだ。ハードルは上げておきましたよ――それがボギーくん流のおもてなしだった。舞台に立つ以上は真剣勝負のガチンコだ。ガチンコでぶつかりあった相手とは、通じる何かが必ず生まれる。ボギーくんはそうやって人と人とを音楽でつなげ、みんなで世の中をおもしろくしようと考えている男だった。

そんなボギーくんの企画するライブイベントにはもうひとつ、特筆すべき点があった。まるで接点のなさそうなミュージシャンやバンドをパズルのように組み合わせて、化学反応を起こさせるのだ。

パンク、ニューウェーブ、テクノ、ヒップホップ、ハワイアン、ポップス、ボサノヴァ、弾き語り、ファンク、ソウル、ブルース、アヴァンギャルド、ラウンジ、オルタナティブ、アイドル……。

異なる音楽性を持つ面々が一堂に集う「ブードゥーラウンジ」は、さながら音楽の総合格闘技場だった。いや、そこに登場するのは何もミュージシャンだけではなかった。インド人より本格的なインドカレーを作る趣味人がやって来て百人前のカレーを振る舞ったり、極楽鳥のような姿をしたダンサー集団が踊りまくったり、劇団員がシュールな演劇を披露することもあった。とにかくその日何が起こるかは、「ブードゥーラウンジ」のドアを開けてみるまでわからない。課題曲シリーズ、即興音楽祭、完全コピーバンド大会、ラウンジサウンズ紅白歌合戦、コスプレナイト、四十人弾き語り忘年会、そして、ヨコチンロックフェスティバル。タイトルを聞いただけでもわくわくするそんなライブイベントを、ボギーくんは次々に企画し、観客と一緒になって大喜びしていた。

ボギーくんが見せてくれるそうしたイベントは、とても「雑誌的」だった。異なる持ち味のものを組み合わせ、並べ替えて流れを作る。それは僕が生業としている雑誌編集のやり方そのものだった。手を替え品を替えおもしろそうな企画を連発していくやり方も、雑誌の「特集」に近い考え方だった。ビルの入り口やエレベーターの中にまでおもしろい仕掛けを施《ほどこ》し、凝ったチラシやパンフレットを作って配る。イベントの内容によっては、舞台セットまで自作する（北島三郎の姿をした巨大な張りぼて人形を登場させたこともあった）。司会とＤＪまでやって観客を飽きさせない。ボギーくんのやることはとにかく手が込んでいた。それはカラフルで刺激的で、いろんなものが詰め込まれている上に、きちんと「編集」されていた。まるで「動く雑誌」だった。そしてそこには、かつての雑誌が持っていたエネルギーと遊び心が、気前よく転がっていた。僕は「ブードゥーラウンジ」に通うことで、ボギーくんが編集する「動く雑誌」のページをめくり、大きな刺激を受けていた。

ボギーくんのことを語り出すと切りがなくなる。話を元に戻そう。

＊

僕の家にボギーくんがやって来たのは、九月の終わりの、ある夜のことだった。偶然にも、僕とボギーくんは同じ町内に住んでいた（僕の引っ越した先が、ボギーくんの住む家のすぐそばだったのだ）。二人の家は徒歩二分圏内にあった。走れば三十秒もかからない、紅茶も冷めない距離に住むご近所さんだった。

僕はボギーくんを前に、これから僕が作る雑誌の構想を、何かの手違いで冷静さを欠いてしまったスティーブ・ジョブズみたいに一方的にまくしたてた。

ひとーつ！　これは「宅老所よりあい」という介護施設を全面的に取り扱う雑誌であーる。

ひとーつ！　介護施設を全面的に取り扱う雑誌ではあるが、間違っても介護雑誌ではなーい。

ひとーつ！　介護雑誌でない以上、介護のノウハウなど一切載せなーい。また「よりあい」をよいしょするつもりもゼロであーる。

ひとーつ！　じゃあ何を載せるかというと、僕がおもしろいと思った話だけであーる。

ひとーつ！　それは「よりあい」で日々起こっているドタバタであーる。

ひとーつ！　役立たずの僕がおもしろいと思う話なのだから、読んだところで役には立たなーい。ただただおもしろいだけであーる。

ひとーつ！　ターゲットとしている読者層は、人類全般であーる。もちろん、ロックンローラーも含まれておーる。

ひとーつ！　そんな雑誌を作ることが可能かと問われれば、今は「イエース！」としか言いようがなーい。そこに根拠などなーい。そもそも出来上がりが容易に想像できるような雑誌など、しょせん大した雑誌ではなーい。というわけで、どんなものが出来上がるかは、現時点では誰にもわからなーい。

「さあ、そこでだ！」

僕は表紙のラフをカバンから取り出しながら、ボギーくんに迫った。

「超パンク的発想で作る創刊号には、どうしてもこの少年の絵が必要になる！　そしてこれが本邦初公開、その顔となる表紙だ！」

一目見るなり、ボギーくんの体は二つに折れた。二つに折れたのちに、よじれてのけぞった。よじれてのけぞって、笑って転がり、手は床を何度も叩いて音を立てた。

映画監督・宮崎駿の似顔絵の上に『ヨレヨレ』のロゴが躍っている表紙だった。印刷設定を間違えたのか、インクを吸いすぎた紙もまた「ヨレヨレ」になっていた。

「ボギーくん！　これが僕の作る雑誌『ヨレヨレ』だ！　ちなみに、この『ヨレヨレ』という雑誌には宮崎駿の『み』の字も出てこない！　ジブリの『ジ』の字も出てこない！　表紙と中身はなんの関係もない！　それに宮崎駿のことを『ヨレヨレ』だと言ってるつもりもない！　ただ、この似顔絵が好きなだけだ！」

4

表紙を飾っていた宮崎駿の似顔絵は、少年の描いた絵だった。描いたのは、奥村門土《おくむらもんど》くんという当時十歳の少年だった。彼は毎日一枚、まるで宿題のように絵を描いていて、その絵をブログで発表していた。それはほとんどの場合「似顔絵」だったが、ただの似顔絵ではなかった。

北島三郎、美輪明宏、瀬戸内寂聴、岡本太郎、サルバドール・ダリ、海原はるか・かなた、キャプテン・ビーフハート、叶姉妹、ラモーンズ、美空ひばり、ばってん荒川、マハトマ・ガンジー、おすぎとピーコ、ジョンとヨーコ、林家ペー・パー子……。

ブログに毎日アップされる似顔絵は、十歳の子どもが絶対描くことのないだろう著名人のオンパレードだった。ありえない人選――しかし、それは「お楽しみ要素」のひとつにしか過ぎなかった。門土くんが描く似顔絵の真の魅力は、もっと別なところにあった。リアリズムだ。彼は自分の目に映ったそのままを、何の遠慮も迷いもなく「こんな顔をしてるよ」と描いていたのだ。ホクロだろうがシワだろうが鼻毛だろうが、彼の目に映ればそれは容赦なく描かれた。美人に描いてあげようとか、かっこよく描いてあげようとか、そういう配慮は清々《すがすが》しいまでにゼロだった。たとえそれが高名な著名人であったとしても、門土くんには関係なかった。誰だかよく知らない以上、著名も無名も同じことなのだ。

「痛快じゃないか！」

僕は、門土くんが似顔絵を描く姿も見たことがあった。「ブードゥーラウンジ」の片隅に投げ銭式のブースを作って「モンドの似顔絵屋さん」をやっていたからだ。彼はそうしてお小遣いを稼いでいた。

僕も描いてもらったことがある。

門土くんはダイソーで買った三本百円の「なまえぺん」で似顔絵を描いていた。下書きなしで目から描く。顔の造りや表情を、射るような視線で観察し（それはちょっとドキッとする視線だ）、そこで見えたものだけをスケッチブックに写していくのだ。彼は描くことに深く集中する。描いている間はほとんど何もしゃべらない。描く者と描かれる者。二人の間には緊張した時間が流れる。太いマジックに持ち替え、何か色を塗っているようだ。髪の毛だろうか。それとも服を塗っているのだろうか。立て膝をついて相手に見せないようにして描くから、どうなっているのかはまるでわからない。しばらくすると油性インクのにおいが収まり、そうして似顔絵は完成する。

「できたよ！」

僕は似顔絵で僕の本当の顔を知ることになる。それは新鮮な発見である。自分で感じている以上に僕の額は広かった。頭髪の後退が著《いちじる》しい。眉毛はハの字に下がって情けなさ抜群だ。眼鏡の奥にある焦点の定まらない目。これは間違いなく不審者の目である。口はへの字で可愛げがなく、あごは中心線からずれて歪んでいた。総体としてのマヌケ。それが僕の顔というわけだ（何度描いてもらっても、僕の顔はそうだった）。絵を描き終わった門土くんは、すでに十歳の少年に戻ってうずうずしている。

「ねぇ、コンビニ行こう！『よっちゃんいか』買うけん一緒行こう！」

それが僕の知る「モンドの似顔絵屋さん」だった。

門土くんは、僕の家から徒歩二分圏内の所に住んでいた。走れば三十秒もかからない、紅茶も冷めない距離に住むご近所さん……と書けばもうおわかりの通り、門土くんはボギーくんの息子だった。著名人似顔絵の「ありえない人選」をしていたのも、もちろんボギーくんで、彼はそれを「大喜利《おおぎり》」と呼んでいた。父親がお題を出して、息子がそれに答える。親子で交わしていた「絵」のキャッチボールがあまりにもおもしろかったので、ボギーくんがブログにアップしはじめたのだ。僕はブログ開設当初から欠かさずそれをチェックする熱心なファンの一人だった。

僕はボギーくんに打診した。

「雑誌の表紙は、門土くんの似顔絵で行こうと思う。中面でも随所に登場させて誌面を爆発させたい。どうやろ？　この話、乗ってくれんかな？」

ボギーくんは「もちろん！」と言った。

5

こうして制作が始まった雑誌『ヨレヨレ』は、どれだけ自由に作っても構わないかわりに、「絶対にクリアしなければならない課題」がひとつだけあった。それは「黒字を出すこと」だった。手作りジャム同様、『ヨレヨレ』もまた資金作りに必要な武器だったのだ。

一冊五百円。初版三千部。主な販売ルートは公民館で、村瀬孝生の講演終了後に会場の隅で手売りする。もちろん通販もやって完売を目指す――それが最初に立てた計画だった。

価格を五百円に設定したのは下村恵美子だった。「買いやすいから」がその理由である。手作りジャムが四百円。『ヨレヨレ』が五百円。千円出しておつりの百円を募金箱にチャリンと入れると「なんか少しいいことしたみたいでさ、気分のいい買い物になるやろ?」と下村恵美子は言うのだった。さすがである。こういう発想をするところに僕は感心してしまうのだが、とにかくこの方式で一号あたり三十万円以上の利益を出したいというのが「よりあい」からの要望だった。

さて。しかし。うむ。である。本屋に流通させずに三千部売るのだ。三千部を完売させるということは、三千人に買ってもらわなければいけないということだ。

下村恵美子も村瀬孝生も出版社から本を何冊か出していた。調べたところによると、二人の著作物は「出せば二千部ぐらいは売れる」ということだった。買って読んでくれる読者は、仕事に悩む介護専門職か、介護に疲弊している家族。つまりその大半はどこかで切実な気持ちを抱えている人たちだった。その二千人の読者は「よりあい」の介護のあり方に、なにかしら光明のようなものを感じている――ということらしかった。

そんな人たちが、果たして宮崎駿の似顔絵が表紙を飾る『ヨレヨレ』なんていうふざけたタイトルの雑誌を買うものだろうか。そもそも僕は介護現場で働く人間ではないのだ。「よりあい」という施設の傍観者でしかないし、傍観者としてのリアリティしか持ち合わせていないのだ。それは現場で働いている当事者の持つリアリティには遠く及ばない。要は僕が二人と同じ視点で何か書いても、薄っぺらくてお話にならないということだ。それに僕は自分がおもしろいと思った話だけで雑誌を作ろうとしている。そんな雑誌に光明と呼べるものがあるのだろうか。ないとするなら、僕はそれに代わる別な何かをどうやったら提示できるのだろうか。

本屋で売ろうが公民館で売ろうが、雑誌は雑誌だ。十万部だろうが三千部だろうが、お金をいただくことに違いはない。五百円払って損したなんて思われたら、次からはもう見向きもされなくなる。それがこの世界の常識だ。確かに「よりあい」にはたくさんの支援者がいる。支援者ならきっとどんな内容だって買ってくれることだろう。でも、そんな「お情け」や「付き合い」で買ってもらうような雑誌だけは作りたくなかった。そんな雑誌なら誰だって作れるからだ。身内だけが読んでる雑誌なんて最低だ。むしろ僕は「よりあい」の「よ」の字も知らない人にこそ読んでもらいたいと思っているのだ。隅から隅まで漏らさず読んで「ああ、おもしろかった！」と言ってもらいたいのだ。読み始めたら止まらなくなる雑誌。読み終わったら次の号が待ち遠しくなる雑誌。二回も三回も読み返したくなる雑誌。それが僕の読みたい雑誌であり、作りたい雑誌だった。

そんな雑誌がたやすく作れるとは思えない。作れるのは神がかった天才だけだろう。僕は血反吐《ちへど》を吐くことになるに違いない。赤字を出したら創刊号で廃刊だ。なんだかおもしろいことになってきた。僕はひりひりするものを感じながら、編集部のある「よりあいの森」に毎日通っていた。

＊

読み物だらけの雑誌を作ろうと思えば、当然のことながら、山ほどの原稿が必要になる。僕はその原稿書きに四苦八苦していた。あらゆる作業の中で一番手間がかかるのが、この原稿書きというやつだ。少しでもおもしろくしようと思えば、ああでもない、こうでもないと書き直すことになる。

原稿は遅々《ちち》として進まなかった。自分で決めたこととはいえ、書くのが億劫で仕方なかった。そのストレスによるものだろう。後頭部には「おでき」がたくさんできてボコボコになった。そんなものができるのは中学生のとき以来だった。それは固く蕾《つぼ》んでいて、芯にふれるとツンと痛みが走った。

　僕は毎日少しずつぼろぼろになっていった。身なりにも構っていられなくなり、いつしか破戒僧のような風貌で編集部に通うようになった。髪はぼさぼさで、ひげもぼうぼうだ。頬の肉はそげ落ち、目はどんどん落ち窪んでいった。

　下村恵美子はそんな僕を見て大喜びしていた。日々ぼろぼろになっていく様子がおもしろくて仕方ないらしい。僕が姿を現すと、うひうひ言って笑っていた。あのクールな吉満さんまでにたにたしていた。そして僕をからかって遊ぶようになった。

「がんば！　がんば！」

　ちきしょう。『ヨレヨレ』なんて誌名をつけるんじゃなかった。一番「ヨレヨレ」になっているのは自分じゃないか。自業自得とはこのことだ。僕はいつの頃からか、昼夜を問わず編集部に入り浸るようになっていた。一日十六時間ぐらい「よりあいの森」に籠《こ》もり、大して効きもしない栄養ドリンクをじゃぼじゃぼ飲んで、一人取り憑《つ》かれるようにして雑誌を作っていた。

6

不思議なことに、書けば書くほど「よりあい」のことはわからなくなっていった。僕が知っていると思い込んでいたものは、たかが知れていた上に、おそろしく表層的なものでしかなかったことに気がついてきたのだ。いったい僕は「よりあい」の何を深く知るべきなのだろう。そして「よりあい」の何をどう伝えればいいのだろう。作業を進めるにつれ、まるでわからなくなってきた。

僕は「よりあい」の歴史を紐解《ひもと》くことにした。どうしてこんなおかしな施設が誕生し、貧乏ながらも今まで続けてこられたのか。ちゃんと調べて、考えてみることにした。施設をつくるきっかけになったお年寄りは、大場ノブヲさんという強烈なばあさまだ。そのことはさすがの僕も知っていた。けれど、大場さんの抱えていたものがなんだったのか、そのことについて、僕は一度だって思いを巡らせたことはなかった。

大場さんは初対面の下村恵美子にこう言った。「野垂れ死ぬ覚悟はできとる！」と。その「野垂れ死ぬ覚悟」とはいったいどういう覚悟なのだろう。その覚悟の中にある何が、下村恵美子を動かしてきたのだろう。下村恵美子は僕に言ったことがあった。「怒りがあったからこそ続けてこられた」と。いったい何に対して下村恵美子は怒りを感じてきたのだろう。制度に対する怒り。施設に対する怒り。お年寄りの扱いのひどさに対する怒り。

でも、本当にそれだけだろうか。

村瀬孝生は「ぼけても普通に暮らしたい」というお題目で講演を続けている。「ぼける」という老化現象の一つでしかないことを、まるで業病《ごうびょう》のように扱い、「予防しよう！」と呼びかける世の中の風潮に対して「本当にそうでしょうか？」と「ぼけの世界」で暮らす人々の豊かさを話して回っている。もう十五年近く、そのことばかり話し続けている。それはどうしてなのだろう。よくよく考えてみれば――「ぼけても普通に暮らしたい」というお題目が成立するのは、「ぼけたら普通に暮らせない」社会になっているからだ。なぜそんな社会になっているのだろう。誰がそんな社会にしてしまったのだろう。ただ「ぼけた」というだけで、住み慣れた家での生活に終止符を打たれてしまうのはなぜだろう。その終止符を打っているのは誰だろう。追い立てるように施設に入れて、それで安心を得ている生活者とはいったい誰なんだろう。それにしても――。

僕らを待ち受けている「老い」とは、本当にそういうものなのだろうか。そんなせこい話なのだろうか。

「わたしがそんなに邪魔ですか？」

聞こえないはずの声が聞こえてくる。僕の中から聞こえてくる。土深く埋めた壺の中から聞こえてくる。聞こえない方が幸せかもしれない声だ。一度聞いたら耳から離れなくなる声だ。耳をふさいでも聞こえてくる声だ。社会から放逐された多くの人間が、犬が、猫が、孤立した世界の中で発する声だ。僕は前にも聞いたことがある。だから壺に入れて土に埋めたのだ。それは、はみ出し者にしか聞こえない声だ。落ちこぼれにしか聞こえない声だ。ならばその声は、下村恵美子の耳にも、村瀬孝生の耳にも、きっと聞こえたに違いない声なのだ。

ぼけた人を邪魔にする社会は、遅かれ早かれ、ぼけない人も邪魔にし始める社会だ。用済みの役立たずとして。あるいは国力を下げる穀潰《ごくつぶ》しとして。どれだけ予防に励んでも無駄だ。わたしはぼけてない、話が違うじゃないかと泣き叫んでも無駄だ。

きっと誰かが冷たく言うのだ。

じゃあそのおぼつかない足腰はなんだ。ろくに見えないその目はなんだ。まともに働けないその体はなんだ。ばかなやつだ。ただ「ぼけてない」ってだけじゃないか。そんなもんはなぁ、俺たちからしてみりゃ、五十歩百歩の違いでしかないんだよと。そして肩をぽんと叩かれてこう言われるのだ。こんな街の中にいたってしょうがないだろう。どっか隅のほうに姿を消してみないか。それが子のため孫のため、ひいてはお国のためってやつだよと。

そのとき聞こえないはずの声は、必ず聞こえてくる。

「野垂れ死ぬ覚悟」とは、おそらくそういうところからしか生まれてこない反逆の覚悟だ。人様からどんなことを言われようと、それでもそこで生きてやるという宣戦布告だ。あるときはしたたかに、またあるときは笑い飛ばしながら、自分の居場所に旗を立て、その旗もとにどっかり腰を下ろし、今日も明日も明後日も、悠々とふんぞり返って握り飯を食おうじゃないかという心意気の表明だ。

おもしろいじゃないか。

痛快じゃないか。

ロックンロール。

僕らはせっかく生まれてきたのだ。

書きためていた原稿は、どうやら書き直すハメになりそうだ。仕方ない。僕は机の上にあったメモ帳に走り書きをした。

「楽しもう。もがきながらも」

それは創刊号のキャッチフレーズになった。

＊

徐々に組み上がっていく創刊号は、世にも奇妙な雑誌になっていった。職業柄、これまでずいぶんたくさんの雑誌を読んできたつもりだが、そのどれにも似ていない。いびつで、バランスを欠いていて、ねじれていて、やりたい放題で——僕は少しぞっとしてしまった。なんのことはない、自分が本当におもしろいと思う話だけを取り上げて、一人で悪戦苦闘しながら黙々と作ったら、自分という人間にそっくりな雑誌が姿を現し始めたのだ。これは大変なことになった。なんてったって僕は、人から好意を持ってもらえるようなタイプの人間ではないのだ。雑誌までそんなことになったら目も当てられない。本当に三千部も売れる雑誌になっているのだろうか。

下村恵美子と村瀬孝生には組み上がったページのゲラを見せた。何か問題があるといけないから、チェックをしてもらったのだ。二人はげらげら笑いながらゲラを読んでいた。ほとんどチェックも入らなかった。吉満さんはそんな二人を横目に身悶《みもだ》えしていた。

「わたし、我慢します！　もう読みたくて読みたくて仕方ないけど、ちゃんと雑誌になるまで、わたし我慢します！」

いつもクールな吉満さんには「吉満スイッチ」と呼ばれるコントロールスイッチがついている。いつどこで通電するのかは誰にもわからないが、そのスイッチがオンになった暁には、涙やフェロモンが出ることになっている。用心しなければいけない人だ。

すべての作業が終了したのは、二〇一三年十二月十三日の金曜日、午前一時三十二分のことだった。一度家に帰り仮眠をとってから印刷所に行くことも考えたが、僕はこのまま誰もいない「よりあいの森」で朝まで過ごすことにした。最後の夜はそうして終えるのが、何かふさわしい気がしたからだ。

窓の外では風が吹いていた。森は少しの風も逃さずに感知する。深く茂った常緑樹は梢《こずえ》と葉を揺らし、しゃらしゃらと衣擦《きぬず》れのような音を立ててそのことを知らせる。そういえば、強い風が吹き荒れた夜もあった。姿の見えない巨大な生き物がやってきて、森を丸ごとかき回したのだ。森は抗《あらが》って暴れ、揺り戻しを起こした。風は渦を巻きながら屋根を持ち上げ、空にのぼっていった。雨を連れてくる風もあった。雷を連れてくる風もあった。ひとつひとつ様子が違う風の姿かたちを、森は音で知らせてくれた。

丸三か月。僕はそんな風の音を聞きながら、この窓際の机でずっと雑誌を作ってきた。始めたころは汗がじっとり吹き出してくるほど蒸し暑かったが、今では腰に毛布を巻き付けても追いつかないほどの冷えを感じる。古い木造家屋に付きもののすきま風は、凍《こご》えていく地面の温度を確実に届けてくる。夜も深い時間になってくると、どれだけストーブを焚《た》いても、吐く息は決まって白くなった。クリームスープの素《もと》をマグカップに移して、お湯を注いで溶いて飲む。すりつぶしたジャガイモの粉が入った白いスープは、少しどろどろしていて、胃袋に到達すると熱をもって染み渡っていく。僕はこのスープにずいぶん助けられた。それは三十分だけ体を温めてくれる魔法のスープだった。

机の上には、プリントアウトされた六十四ページ分の校了紙と、その印刷データを記録したＵＳＢメモリーが揃えて置いてある。それが僕の三か月の大切なすべてだ。やっぱり雑誌は魔物だった。たっぷり血を吸われた。全部一人で作る雑誌は、正直きつい思いをすることのほうが多かった。でもその分、僕は多くのことを感じていた気がする。学んだこともあるかもしれない。そしてこの上なく楽しかった。僕はやっぱり雑誌を作るのが一番好きだ。こんなとき、お酒が飲めたらいいのになと僕は思う。一人で飲むとするなら、ウイスキーだろうか。下戸《げこ》の僕はその味を想像する。琥珀《こはく》色の液体の中で、氷が溶け出すときに生まれる対流の模様を想像する。

朝刊を配達するプレスカブの走る音が聞こえてきた。もうすぐ朝が来る。ひとりぼっちで迎えた最後の夜は、深い余韻を残したまま終わろうとしていた。

05

ぬかるみ
人生浮沈篇

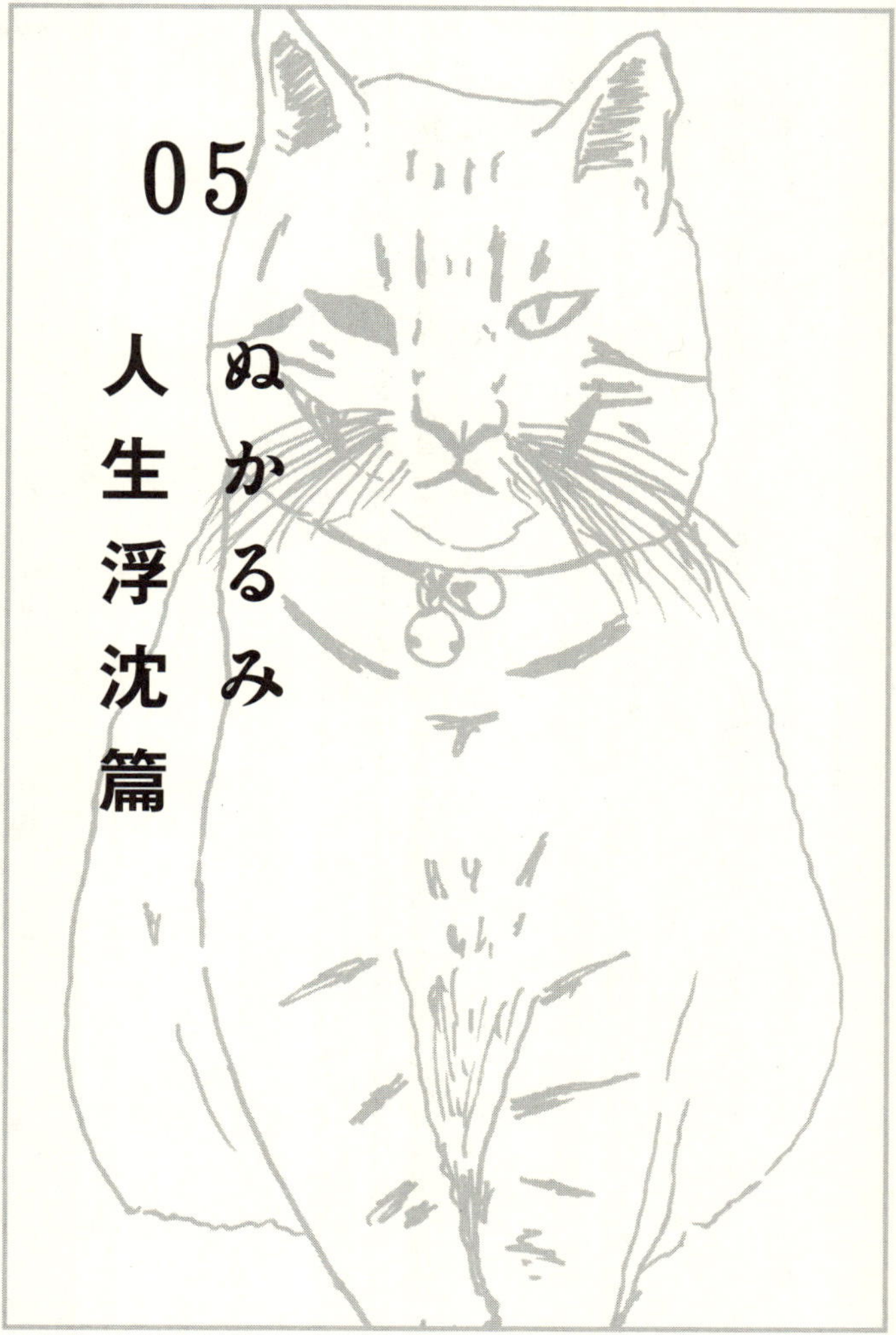

1

どうしよう。話は二〇一三年の十二月まで進んでしまった。書かなければいけなかったことを置き去りにして、前へ前へと話を進めすぎてしまったようだ。

僕は夢中になりすぎると、こういうヘマを必ずやる。何事も行き当たりばったりの「でたとこ勝負」で生きてきた僕は、三歩進んで二歩下がり、汗かきべそかきワンツーパンチ、ついでにもう一歩下がってドツボにはまるような真似ばかりしてしまうのだ。

思えば、学校を辞めたときも、会社を辞めたときも（三回辞めた）、結婚を決めたときも、「そぉれ！　ワンツー！　ワンツー！」と、張り切って退学届を郵送したり、張り切って辞表を提出したり、張り切って婚姻届に判を押したりしてきた。人生の一大事かもしれないことを、いつもそうして安直に済ませてきたのだ。そういう人間は、もちろん原稿だって先の見通しを立てないまま「そぉれ！　ワンツー！　ワンツー！」と書き始めてしまう。そしてにっちもさっちもいかなくなって呆然とすることになるのだ。

とにかく、話は二〇一三年の六月ごろまでバックする。約半年分の後退だ。

2

「脳が煮える！」

そのころの村瀬孝生は、補助金申請のための書類作りに奮闘していた。毎日遅くまで居残り、机にへばりついて、壊れてもいない目覚まし時計を分解したり組み立てたりしながら（それが唯一の息抜きだ）、ひたすら書類を作っていた。なんてったって七千万円もの補助金を自治体からいただこうというのだ。その道のりは長く険しい。審査に必要な書類は気が遠くなるほど細かく、そして膨大に用意されていた。

もちろん、下村恵美子も奮闘していた。眉間にマリアナ海溝のような深いしわを刻み、書類作成の手引き書を読みながら、日々パソコンとにらめっこをし、試算書の作成に頭を悩ませていた。

「いっちょんわからん！　いっちょん好かん！」

やはり脳が煮えているのだろう。下村恵美子はパソコン用の眼鏡を放り投げ、冷蔵庫に向かうことしばしばだった。そして大量に買い置きされている二本組みのチューチュー式アイス、グリコ製「パピコ」を冷凍庫から取り出すと、口にくわえてブラブラさせながら戻ってきた。

「ああ、くそっ！」

畳に足を投げ出して座り、天井の隅を廃人のような目で眺め、甘いコーヒー味のそれを絞り出しながらチューチューと吸う。下村恵美子の脳は一本では冷却できないらしい。二本ともチューチューだ。

提出期限は二〇一三年七月末日。二人の書類作成地獄は、じめじめと蒸し暑い不快指数の高い季節の中で日夜続けられていた。


こんなとき、さっぱりした話をしているのは決まってお年寄りだ。二人の奮闘など、まるでどこ吹く風である。夫婦和合の秘訣。その入り口となる新婚初夜の「よりよき合体」について、職員に説いて聞かせている。

「基本は殿方におまかせですたい。おなごは横んなって、布団のはじっこでも握って目ばつぶっとく。しおらしゅうしときゃそれでよかです。あとは万事よかごと、いろいろしてくれんしゃります」

「ウメさんも、よかごとされたんですか?」

「ああもう、私もいろいろこちょこちょされたのちに、無事開通ですたい。電気が暗《くろ》うなったら、あとは野となれ山となれ。できんことばうまくやろうとしたっちゃ、できるわけはありまっしぇんたいね」

脳の煮えない話である。こんな手引き書なら、二人も喜んで読むだろう。そんなお年寄りたちが普通に暮らせる特養——その暮らしの場をつくるために、二人の脳は疲労度満点で今日も煮えているのだ。


とにかく特養の建設には、実にいろんな事前準備が必要だった。中でも難題中の難題が「地域住民に同意が得られるかどうか」で、こればかりはどう転ぶのかまるでわからない。人里離れた山奥に建てるのならともかく、こっちは住宅街のど真ん中に建てようというのだ。建設反対の看板をあちこちに立てられる可能性だって全然ないとは言えなかった。

施設の建設にあたっては、住民説明会の開催が義務づけられていた。申請書にはその議事録の添付もしなければならなかった。おそらく合否を左右する重要なポイントになるのだろう。世話人会でもその議題は何度も出て、どうしたものかとみんなで頭を悩ませていた。

村瀬孝生は、もう覚悟をするしかないだろうと言った。

「いろいろ考えたんですけど、僕らがやってきたことを正直に話すしかないですよ。一人のお年寄りに沿うことから始めた介護を、今度は特養という形で、この森でどう実践していくのか。僕たちのできることはたったこれだけですって、それを丁寧に話すしか他に方法はないですよ」

その住民説明会は六月二十日の別府公民館から始まった。集まった参加者は三十七名。それが多いのか少ないのかは定かではないが、それなりに圧を感じる数ではある。登壇した村瀬孝生の顔にもいくらか緊張の様子があった。しかしその頭髪には相変わらず寝ぐせがついていた。こんな大事な日でもそうなのだから、きっと鏡を見る習慣がないのだろう。とにかく村瀬孝生はその寝ぐせ頭をひょいと下げると、少し拍子抜けするような話から会をスタートさせた。

「えー、今日はみなさんからご意見をいただこうと思ってやって参りました。『宅老所よりあい』の代表をやっとります村瀬です。まあ、なんと申しましょうか、こんな住宅街に施設を建てようというわけですから、一方的な説明をして終わりというわけにはいかないなあと思っておりまして。まずは意見をちょうだいして、どのような施設が望まれているのか、そのへんのことを教えていただいたのち、もう一度こうした会を持たせていただきたいと、そんなふうに思っておる次第でございまして。前編後編の二回シリーズで、地域のみなさんとともに『これからの老い』についても一緒に考えていけたらなと。あ。めんどくさいですか？　まあ、そうおっしゃらずに。はははは。ところで今日お集まりのみなさんは、老人ホームに入りたいタイプですか？」

村瀬孝生の問いかけに笑う人もあった。入りたいと手を挙げた人は一人しかいなかった。それも今すぐではない。どうしても一人で生活できなくなったら、仕方なく入ることを選ぶだろうと答えた。

「ですよね。そうなんですよ。誰だって本当は自分の家で暮らしたいと思うのが普通なんです。じゃあ、お子さんに面倒を見てもらいたいと思っておられる方は？」

微妙な反応だった。見てもらいたいのは山々だが、息子や娘に迷惑をかけたくないという意見に、多くの人がうなずいていた。

「そうですか。じゃあ子どもじゃない誰かに肩代わりしてもらいたい感じですか？」

住民の半分ぐらいが笑った。「そのためにあなたたちがいるんでしょう」という声も上がった。村瀬孝生は「なるほど」とうなずきながら、住民の意見や質問にしばらく耳を傾けていた。

「他になにかございませんか？」

村瀬孝生の醸し出すムードがそうさせるのだろう。少しずつリラックスしてきた住民から、意見や質問が口々に飛び出すようになった。その中に少しずつだが、本音のようなものが見え隠れするようにもなってきた。

「たかが二十六名の施設でしょう。そんなもん、すぐに建てられるでしょ。まったくいつまでかかってるんですか？」

「年金七万円しかもらってないのに、月額十万以上になったらきついよ。問題は何よりそこ。もっと安くなんないの？」

「おたくは看取りまでやるって聞きましたけど、それは追加料金なんですか？」

老人ホームに入りたくないと答えた人も、どこかで入所のことがちらついているらしかった。ただいま介護中と話した家族もまた、親のこれからをすでに見据えているようだった。やっぱり誰もが将来に対する漠然とした不安を抱えているのだ。お金にまつわる質問や意見がやたらと多いのは、それが切実な問題として迫ってきていることの現れだろう。たとえ子どもがいようと、もうそのことを支えにして生きていけるほど、簡単な話ではなくなっているのだ。いくら寿命が延びても、これじゃああんまりだ。心配事の方が多いようでは老後の世界に光は見えない。

思えば「自己責任」という言葉が「老い」という不可抗力の分野にまで及ぶようになって以降、人は怯えるようにしてアンチエイジングとぼけの予防に走り出した。のんびり自然に老いて、ゆっくりあの世へ行く。それを贅沢《ぜいたく》と呼ぶ時代が来てしまったのかもしれない。とにかく国は生存権に帰属する介護問題を、サービス産業に位置づけ、民間に託して解決を図る道を選んでしまった。その結果、畑違いの企業、たとえば不動産会社や建築会社、居酒屋チェーンまでもが介護事業に乗り出し始めた。その政策はもう後戻りすることはないだろう。すべては追加オプション式の明朗会計。介護の世界でも、それがこれからのスタンダードになることだろう。サービスとはつまり、手間という手間をひたすら金で買い続けるしかない代行システムのことなのだ。

村瀬孝生は「よりあい」の成り立ちから今日に至るまでの経緯を話しだした。それは施設ありきで物事を進めてこなかった実践の歴史とも言うべき内容だった。すべては必要に迫られ、その必要に応えた結果でしかない。一人のお年寄りの生活を支えることから始まった「よりあい」は、その支援のあり方を、考え方を、一度だって変えたことはない。本当は伝照寺のお茶室で終わっていたはずの話だった。それがそうはいかなくなって、ついにこんなことになってしまっているのだと、村瀬孝生は正直に話した。

「そんな僕らのやることですから、作ると言っても大きな施設はとても無理です。定員二十六名という小さな特養しか建てることができません。たった二十六名と思われるかもしれませんが、僕らのやり方ではそれでも精一杯なんです。資本と呼べるものもございません。でも仮にこれが定員百名だろうと結果は似たり寄ったりなんだろうと思います。入れない人は必ず出ます。福岡では一施設に対して待機者が平均百二十名と言われております。毎年施設は増えているのに、待機者の数は大して減ってはいません」

村瀬孝生は静かに話を続けた。

「今ですらそうなんです。これからどんどん老人は増えていくわけですから、施設なんかいくら建てたってもう間に合いっこありません。たくさん建てたところで、じゃあ誰がそこで働くんでしょう。みなさんもご存じの通り、介護職は給料が安いことで有名です。なろうという人は本当にいません。募集をかけても来ないんです。つまり誰かに肩代わりさせたいと思っても、そう簡単にはいかなくなるということです。これがこの国の抱える高齢化社会の現実です。こうなることがわかっていたのに、なにも手を打ってこなかったんです。何事も経済優先で進めてしまった、その結果です。そのツケを今から僕らは払っていくことになるというわけです」

会場は静かになった。

「そのツケをどうやって払っていくのか。みんなで考えました。みんなというのは『よりあい』の職員と、世話人と呼ばれる支援者のことです。僕らはこういうふうにしようと思ってます。あの森のような場所に作る老人ホームは『老人ホームに入らないで済むための老人ホーム』にしようと。自分たちの安心は自分たちで作る、あの森はそういう場所にしていこうと。老いというものは悲しいかな、誰にでもやってくるものです。そこから逃れることは誰にもできません。逃れることができないのであれば、自分の問題としてこの状況に向き合うしかありません。他人任せにせず、自分のこととして動くしかないということです。何が正解かはわかりませんが、どうでしょうみなさん、特養が建った暁には、みんなでトイレ掃除とかご一緒してみませんか?」

そう言って村瀬孝生は笑みを見せた。

「みなさん、ぎりぎりまで自宅で暮らす方法がひとつあるんです。それは、自分の時間を誰かのために使うことなんです。ただ、そういう言い方をすると、誤解を生むかもしれませんね。どう言えばいいんだろう。とにかく人というのは不思議なものです。理念や幻想で動けるのは最初だけです。人は頭で考えているほど、体は動かない。そこまで崇高にはできていない。ボランティアでやってると思うと最初はよくてもいつか疲れます。健康のためだと誓いを立てて始めたウォーキングが続かないのと同じことです。だから、遊び半分でいいんです。興味本位で構いません。あまり深く考えずに、一緒に何かやることを続けてみませんか。別に『トイレ掃除』じゃなくても構いません。森にはカフェがある。お店ごっこしたい人は、そこでランチを作ったりケーキを焼いたりするのもいい。裁縫の好きな人は『絹の会』というのがあります。先生がいて教えてくれます。もちろん授業料はいりません。できあがった作品はバザーで売って運営資金にします。『よりあい』のバザーは、大人の学園祭みたいなもんです。そこで一緒にわいわいやってもらえるだけでも構いません。たまに来ていただいて、お年寄りに添い寝していただくだけでもいい。僕の言う『自分の時間を誰かのために使う』とはそういうことです。僕らはそうした人たちが『よりあい』のために使ってくれた時間にすごく助けられて、今日までなんとかやってこられたと言っても過言ではありません」

村瀬孝生の話は静かに熱を帯び始めた。

「もう一度言うようですが、人というものは不思議なものです。そうやって何度も通っているうちに、自然と話の合う友だちができたり、顔見知りになっていったりします。バカ話してゲラゲラ笑えるようになれば、もう腐れ縁になったも同然です。縁を作るのには確かに時間がかかります。でもそういう時間をかけてできた縁というものは、そう易々とは切れないものです。そこがお金でつながっていないことのよさなんです。そうした人たちが老いの時期を迎え、何か不都合な思いをするようになったとき、みんなが言います。『よりあい』は黙っているつもりなのかって。あれだけ世話になっておきながら、何もしないのかって。言われなくても、僕らだって動かざるをえません。なぜなら、僕らにだって世間体があるからです。不義理をしてうしろめたい気持ちになるのは、やっぱり誰だって嫌なもんですよ」

住民の多くが笑った。

「もちろん、そこには情もあります。その人が僕らのために使ってくれた時間を思えば、僕らだってその人に時間を使いたいと思う。あんなによくしてもらったんだから、今度はそのお返しをする番だと思う。それが人の情というものです。とにかく何かあったら僕らが駆けつけます。顔見知りの職員が来るわけですから、駆けつけられた方だってきっと安心でしょう。そうして一人のお年寄りからまた介護が始まっていきます。まずは在宅での生活を支えるために、何が必要かを考えて動く。どんな人かはよく知ってるわけだから、その人にとって何が一番必要かはわかりやすい。そうしてぎりぎりまで在宅を支えます。僕らはそのためにいるようなもんです。僕らが専門性を発揮するのは、むしろそういうところなんです。介護の技術なんて、それに比べたら全然たいしたことない。さきほど入居したらお金が払えないという話がみなさんから出ました。でも在宅で生活する限り、その心配はいらなくなります。それでも、どうしても在宅での生活はもう難しいとなったとき——そしたらそこで初めて僕らの施設に入ることを考えればいいんです。制度はころころ変わりますから何とも言えませんが、今のところ減免措置があります。その減免措置を使えば、負担する額も減らすことができます。僕らが考えている『老人ホーム』に入らないで済むための老人ホーム』とはそういうものです。お年寄りに添い寝に来ていた人が、今度は添い寝される側になる老人ホームというわけです。よく知っている場所です。よく知っている顔がいます。知らない世界へ連れて行かれるわけではない。それだけでも安心なことだと僕は思います。そしてこれこそが、実は『よりあい』がずっとやり続けてきた支援なんです。特養を建てたからって、僕らはやっぱりそれしかできません。今までと変わらない同じことを、あの森のような場所でも続けていこうと思っているんです」

村瀬孝生は、同席していた下村恵美子を見ながらこう言った。

「そしてこういう支援を始めた張本人が、実はそこに座っている女性です」

住民の目が下村恵美子に注がれた。下村恵美子は椅子から立ち上がると、へらへら笑いながら挨拶をした。

「しもぉむらぁでっす。村瀬の話を感心して聞いておりましたっ。どうもそういう特養を建てるつもりらしいでっす。全部、村瀬がやりますので、どうかよろしくお願いしまっす」

下村恵美子のとぼけた挨拶に、村瀬孝生は気色《けしき》ばんで慌てた。

「ちょっと！　どうしてそういうこと言うかなぁ！　違うでしょう！　昨日打ち合わせしたでしょう！　そこはほら、話を振るからビシッと決めるって、そういう約束だったじゃないですか！」

下村恵美子は「はい。はい。すいませんでしたっ！」とへらへら笑いながら椅子に座った。住民は二人のそのやりとりを見て笑っていた。なんだかおかしな人たちがこの町にやって来て、なんだかおかしなことを始めようとしている。少なくともそのことだけは伝わったようだった。

村瀬孝生は前編後編二回シリーズの説明会をあちこちで開き、昼の部、夜の部などに分けて、都合九回行った（あとで判明したことだが、そんなにたくさん説明会をする事業所はあまり例がないということだった）。参加した住民はのべ二百四十八人で、建設反対を唱える意見はただのひとつも出なかった。

3

建物のことをあれこれ考えるのは楽しい。人の数だけ「ああしたい、こうしたい」の夢がある。外観のデザイン。間取り。キッチンの設え《しつら》。床の材質。天井の高さ。動線――。

このころの世話人会は建築関連の話に長い時間を費やすことが多かった。特養をどんな建物にするのかはとても重要なことだったし、それに必死で集めたお金で建てるのだ。せっかくならいいものにしたい。そういう気持ちも強かった。そのためには何度も話し合いを重ねることが必要だった。もちろん話し合いと言っても堅苦しいものでは全然ない。わいわい式の井戸端会議だ。

施設としてのどうのこうのはひとまず忘れて、まずは自分たちにとってのどうのこうのを僕らは優先することにした。建てたいのは「施設らしい施設」ではなく、「とても施設には見えない施設」なのだ。

管理と監視から自由であること。支配と束縛から無縁であること。

僕らが大事にしたいことは単純に言えばそういうことだった。冷たいリノリウムの床を白い上靴《うわぐつ》を履いて歩くなんて嫌だ。いくら衛生のためとはいえ、あちこちから消毒液のにおいが漂ってくるようでは興醒めにもほどがある。そんな病院みたいな建物じゃ誰だって落ち着かない。何より重要なのは、そこが居心地がいいかどうか、くつろげるかどうかなのだ。そうでなければ日々の生活は途端に窮屈なものになっていくし、働く者の心だってすさんでいく。入居者は受刑者ではないし、職員もまた刑務官ではないのだ。建物の印象が与える精神的な影響は、そこで長い時間を過ごす者にとって大きい。雰囲気ひとつで心が蝕《むしば》まれることだってあるのだ。

僕らには「心強い味方」がいた。世話人の中に一級建築士が二人もいたのだ。「よりあい」が何を望んでいるのか、僕らがどれだけわがままを言う人間なのか、そしてどれほどお金がない集団なのか。二人はそれを世界一よく知る専門家だ。とにかく集いの場があり、暮らしの場がある。それはゆるやかにつながっていて、ひとつの気配として建物の中にある。ユニット型特養という言葉に漂うどこか冷たいイメージを、どこまで壊すことができるか。それが僕らの望むところであり、目指すべき建物の姿だった。僕らは好き勝手なことを二人の専門家にじゃんじゃん提案した。

季節の移ろいを感じることができる眺めのいい窓がほしい。広いウッドデッキもほしい。そこにパラソルを立ててお茶が飲めたら最高だ。木のにおいと畳のにおいは絶対ほしい。落ち着いた調度品と座り心地のいいソファーを置きたい。工夫をこらした採光とあたたかい色の照明が好きだ。風を頬で感じ、雨だれの音を耳にできる部屋がいい。人の温もりを感じたいときもあるし、たまには声の届かない場所に潜り込みたいときもある。それを両立させてほしい。炒め物の音がして、煮物のいいにおいがして、炊きたてのご飯と味噌汁のにおいがするようにしてほしい。それから猫が遊びに来てくれないようでは困る！

そんなわがままの数々を削ることなく持ち込んで、ひとつ屋根の下に納めたいというわけだ。

建築家の二人はド素人の僕らが並べたてるとりとめのない要望に耳を澄ませた。そうして図面を起こし始めた。介護の現場には一般の住宅とはまた少し違う動線や、ほしい設えがある。職員からもたくさんの声が上がった。トイレの位置が、扉の開く方向が、使い勝手のいい場所と形に変わっていく。汚物を見せない工夫と、さりげなくゴミが出せる動線。洗濯物はどこで洗うのがいいのか。干し場はどこにあればいいのか。「よりあい」では職員とお年寄りがともに裸になり、一緒にお風呂に入る。ならば風呂場の広さや脱衣所の広さはどれぐらいが適当で、どこに脱衣用の棚があればいいのか。肌寒いときに必需品となる膝掛けは、どこに収納されていて、どう取り出せるのが一番いいのか。意向は図面の中にどんどん盛り込まれていった。

しかし、そうした意向を反映させた図面を完成させれば、それで済むという単純な話ではなかった。ユニット型特養の建物には、法律で決められた細かな制約が山ほどあったのだ。その条件をすべて満たさなければ、申請しても認可が下りない仕組みになっていた。七月末に提出する申請書には、建築図面の添付義務もある。そこでハネられるようなことになったら元も子もない。

下村恵美子と村瀬孝生、そして二人の建築家は、たびたび役所を訪れることになった。なんせこっちは「とても施設には見えない施設」を建てようとしているのだ。かなり冒険した図面になっている。攻めまくった図面と言い換えてもいいかもしれない。当然のことながら、それは持ち込むたびにあちこち修正点を指摘されることになった。何を思ったか知らないが、村瀬孝生はそれに食ってかかったこともあった。

「いったい誰のための建物なんでしょう。いったい誰がこんな馬鹿な条件を細かく決めたんでしょう。ここは穏やかに暮らすための場所でしょう。こんな妙な決まりばっかり作るから、年寄りは落ち着かなくなるんです。介護を大変にしているのは、管理と効率ばかり優先する制度の方に原因があるんじゃないですか！」

そんなことをここで言ったところでどうにもならない。しかし書類作りに忙殺されている村瀬孝生の脳は、そんな道理さえわからなくなるほど疲れていたのだ。まあ、役所の人にしてみれば、何度言っても言うことを聞かない図面しか持ってこない「よりあい」を、最初は「ただのバカ」だと思ったことだろう。意気揚々と新しい図面を持ってきては、必ず玉砕して帰って行く。しかしそれでもめげずに何度も何度も通ってくる。「ここ、これじゃだめですか?」。ダメ出しをされてもされても、それでもまだ「ここ、こうしたいんですけどだめですか?」と食らいついてくる……。

ここから先に書くことは、あくまでも僕の想像ということになるのだが――「よりあい」はここでも人に恵まれた。役所の窓口担当者は、そんなおろかな「よりあい」の面々のことを、「うっとおしい」とは思わずに「おもしろい」と思ってくれたようなのだ。最初から制度に則《のっと》った図面を提出する事業所が多い中、あれこれ無い知恵を絞ってギリギリのところを突いてこようとするその姿勢が新鮮に見えたのかもしれない。あるいは、土地代一億二千万円をすべて寄付で賄《まかな》ったり、運営資金をジャムやバザーで稼いでいるという話に、なにか今までにないものを感じてくれたのかもしれない。介護のやり方や目指す特養のスタイルも独特だから、それが目を引いたのかもしれない。担当者はそんな「よりあい」に巻きこまれるような形で、いつしか「よりあい流の特養」がどうすれば制度に抵触することなく活き活きとした建物になるのか、その相談に乗ってくれるようになった。俗に「だめな生徒ほどかわいい」と言うが、人間とは案外そういう気持ちになってしまうものなのかもしれない。とにかくA案から始まった図面は改稿に改稿を重ね、H案に至ってようやく提出できる形になった。

4

完成した図面には、素人でもひと目でわかる大きな特徴が、少なくともふたつあった。

ひとつは広いデッキだ。三十畳もあるウッドデッキが、カフェのあるボロ家まで延びてつながっている。ふたつの建物の行き来はこれで自在だ。それにこれだけの広さがあれば、パラソルも置けるしテーブルも置ける。想像するだけで贅沢な空間だ。開放的で風の通り道にもなる。カフェのテラス席としても十分利用できそうだ。また、このデッキが存在することで、どこまでが施設でどこからがカフェなのか、その境界も曖昧になっていた。そしてそこを曖昧にしたところに、実は設計の肝《きも》があった。

それはつまりこういうことだ。

人は施設に入った途端、まるで社会から姿を消したように「見えない存在」になってしまう。施設という言葉に暗い影が見え隠れするのは、社会から放逐された人々が幽閉されているというイメージが今もあるからだろう。最近ではそうしたイメージを払拭《ふっしょく》するためか、地域交流スペースを持つ施設も増えてきた。けれど、そこに出入りする人は少ないと聞く。理由は簡単だ。多くの人にとって「そこが遊びに行きたい場所じゃないから」だ。僕だってそうだ。そんな所には行きたくない。それに「交流」という言葉を施設側から持ち出されると、人はどうしても荷の重さを感じる。やらねば感が出てしまうのだ。

だから交流なんかしなくてもいいと僕らは思った。僕らがこのデッキに望むことは、少なくともそういうことではない。「気配」がなんとなく混ざっていればそれでいいのだ。海に流れ込もうとする川の水が、海水でも淡水でもない曖昧さを持つように、またそれが潮の満ち引きによって、海水寄りになったり淡水寄りになったりするように、ふたつの世界が自然に混ざり合っていればそれでいいのだ。

僕らにはボロ家のカフェがある。そこにはお客さんがたくさんやってくる。

カフェにやってきたお客さんのおしゃべりが特養にも聞こえてくること。それが大事だ。特養で暮らすお年寄りの歌う昔の流行歌がカフェにも聞こえてくること。それが大事だ。ぼけたお年寄りがデッキを伝ってカフェにふらふらやってくること。それが大事だ。そして他のお客さんと同じように、ランチやコーヒーを注文できること。

それが大事だ。そして時々カフェで行われるミニコンサートを、このデッキで一緒になって楽しめること。それが大事だ。僕らが想定できるのはそれぐらいで、そこから先に起こることは何もわからない。でも、それでいいのだ。多くを求めすぎてはいけない。

広いデッキをボロ家につなげたのは、つまりそういうことだった。施設を社会から切り離すのではなく、施設が社会と、社会が施設と、ゆるやかにつながっていること。それが「よりあい」の作る特養の佇まいだ。

特徴のふたつめはキッチンだ。その存在感が、これまたなかなかいい感じなのだ。僕らの話し合いの中でも、キッチンはたびたび話題に上った重要ポイントのひとつだった。

「よりあい」は特養作りにあたって、最初から決めていたことがある。それは「三食すべて、食事は手作りのものを出す」ということだ。別にごちそうを出すわけではない。凝った料理を出すわけでもない。何の変哲もない、どこにでもある家庭料理でいいのだ。手作りのものを温かいうちに、お年寄りも職員も一緒になってわいわい食べる。それは「よりあい」が宅老所でずっとやってきたやり方だ。それをこの特養でも変わらず続けていこうと決めたのだ。配食センターと契約することは、頭から考えていなかった。ここは病院じゃないのだ。ポリエチレン製の食器やアルマイトの皿に、冷めたごはんや冷凍食品のおかずが盛ってあるようでは、食欲は湧いてこない。食べる楽しみがなくなったら、生きる楽しみは確実にひとつ減るし、また元気もなくなる。

生きることの基本。それは何より食べることだ。炊きたてのごはんと、あったかい味噌汁。日本人ならまずそこだろう。ごはんはお茶碗によそい、味噌汁はお椀につぐ。そこにお皿に盛りつけたおかずがやってくる。炒め物かもしれない。煮物かもしれない。揚げ物かもしれない。魚料理。肉料理。野菜料理。洋風に味付けしたおかずも出る。中華風のものも出る。大皿に盛ったものをみんなで取り分けて食べることもある。とにかく食事を楽しみにしているお年寄りは多いのだ。できたての料理を、自分の好きなように、自分のペースで食べてもらう。咀嚼《そしやく》力が落ちているからといって、どろどろのミキサー食にはしない。そんな気持ちの悪いものを食べたいと思う人はおそらくいないからだ。職員がその都度食べやすい大きさに細かく刻んで、介助をしながら、そしておしゃべりをしながら、にぎやかに食べることを楽しむ。それが「よりあい」の日常的光景だ。

その基本を毎日支えることになるのがメインキッチンだ。まずは料理を作る人が腕を振るいたくなるような設えにしたい。広さはもちろん、使い勝手だってよくしたい。あとはその位置と造りが重要なのだが、そこが思案のしどころだった。まず消防法の縛りがある。衛生面での配慮も法律で厳しく定められている。なんでもかんでも自由というわけにはいかない。しかしそれでも「顔が見える場所」にメインキッチンを置かなければ、それはただの「孤立した給食製造所」になってしまう。

大切なことは、作る人の顔がちゃんと見えること。何を作っているのか、のぞきに行きたくなること。そこで会話ができること。料理をする音が聞こえてきて、食べ物のいいにおいがすること。ちょっとつまみ食いでもしてみたくなること。そしてそこで、笑えるひと悶着が起きること。

メインキッチンの場所は、集いの場のすぐそばに決まった。オープンキッチン化はさすがに無理で、防災上、衛生上、壁で囲う必要があった。そこで二人の建築家は、集いの場に面した壁に窓をこしらえることにした。横長の長方形を壁に描き、そこだけポンとくり抜いた——と書けば、少しはイメージが伝わるだろうか？　二人はそのくり抜いた部分に素敵な木製サッシを取り付けることにした。窓には素通しのガラスがはまっていて、それは必要に応じていつでもスライドさせることができる。二人のイメージはさらに広がっていった。窓をスライドさせたその先にカウンターをつけたらどうだろう？　でき上がった料理はそのカウンターを通じて、にぎやかな集いの場へと配《はこ》ばれていく。ナイスなアイディアだ。これなら互いの様子もよく見えるし、会話も交わせる――。

図面にはイメージイラストも添えられていた。それはまるで絵本のようなイラストで、描いたのは建築家の神野佐和子《かんのさわこ》さんだった。神野さんはこの半年間というもの、たびたび「よりあいの森」を訪れて、巻き尺でいびつな形をした土地の寸法を測っていた。杭を打っては「あ、そっか」と考え込み、ひもを張り巡らせては「あ、そっか」とメモをとり、時折しゃがみこんでは「あ、そっか」とつぶやいて、建物のイメージを頭の中で膨らませていた。神野さんは見た目こそ才女風だが、中身はとてつもなく変わった人だった。ひとつのことに熱中し出すと、まわりのことがまるで見えなくなってしまうのだ。

たとえば「昨日は何食べたの？」と尋ねると「ポトフ」と答える。「おとといは？」と尋ねると「ポトフ」と答える。「じゃあその前は？」と尋ねると「ポトフ」と答える。「ポトフしか食べないの？」と尋ねると、びっくりした顔をして「あ、ほんとだ！」と答える。そして赤面しながら「わたし、ポトフしか食べてない！」と、そのことに初めて気がついたようなことを言い出す。

しかし神野さんがぶっ飛んでいるのはそこからで、「それで今日の晩ご飯は何にするの?」と尋ねると、やっぱり「ポトフ」と答えるのだ。そうしてさんざん僕らを笑わせたのち、神野さんはぼろぼろの自転車に乗って颯爽と帰って行く。颯爽と帰って行くのだが、すぐに戻ってくる。カバン一式を置き忘れ、手ぶらで帰ったのだ。神野さんは赤面しながら荷物を受け取ると、今度という今度は本当に帰って、自分の仕事に没頭していた。

＊

申請書はいよいよ完成の日を迎えた。村瀬孝生は寝ぐせ頭に白髪を増やしながら残りの書類を書き上げ、下村恵美子はグリコ製「パピコ」を大量に消費しながら試算書をまとめ上げた。必要な添付書類も揃えた。議事録も仕上げた。建物の図面もある。神野さんのイラストも添えられた。それらの書類を手引き書で決められた順番に並べ、パンチ穴を開けていく。不備がないかどうかを何度も確かめ、ファイルに綴じてインデックスをつける。すべて綴じ終わると、それは電話帳ほどの厚さになった。

締め切り日の朝がやってきた。どうにかこうにか間に合わせた二人は、抜け殻のような顔をして役所に出かけていった。担当者はそんな二人を笑いながら迎えた。

「徹夜ですか？　顔、死んでますよ」

申請書は無事受理された。これから長い審査の日々が始まることになる。だが今日だけはもう何も考えたくない。ぐっすり眠りたい。それが二人の正直な気持ちだったことだろう。

「よりあい」の二〇一三年七月はそうして終わっていった。

5

夏も本番を迎えると、職員はお祭りに出かけて行く。遊びに行くのではない。お金を稼ぎに行くのだ。

何かと地域のお世話になっている「よりあい」は、校区主催の夏祭りにお呼ばれをする。お店を出してテキヤの真似事をしないかと誘われるのだ。焼きそばを焼いたり、子ども相手に「光るおもちゃ」を売ったりする。そうして百円、二百円を稼ぐのだ。

「光るおもちゃ」は問屋に仕入れに行く。これはかなり真剣な仕事だ。不良在庫を抱《かか》えるわけにはいかない。お祭りでテンパったチビっ子たちが、ついつい小遣いを叩《はた》きたくなる魅力的でインチキくさい商品。それを選ぶのにも、相応の知識とセンスが必要なのだ。その辺はセレクトショップのバイヤーと何ら変わるところはない。流行《はや》りすたりを見抜きつつ、定番商品にも目配せしながらの選択になる。とにかく「光るおもちゃ」の動向に関して言えば、「よりあい」職員より詳しい介護専門職は日本にはいないだろう。LEDの単価が下がって以降、「光るおもちゃ」は年々そのクレイジーさを増している。凝った回路につながれた色とりどりのLEDが、ビカビカ回転するものまで登場している。チビっ子たちの目もそれに合わせて肥えてきた。どの辺のクレイジーさが今年受けるかは、去年の動向とチビっ子を取り巻く社会情勢がわかっていなければ見抜けない。

こうした資金稼ぎにノリノリの職員がいる一方で、うまく馴染めない職員も当然いた。

「私は介護をしにきている。そんな真似なんかしたくない！」

正論だと思う。いくら夜店で「光るおもちゃ」をたくさん売ったからといって、キャリアアップやボーナスアップにつながるわけではない。おまけに夜店でテキヤの真似事をするのは、決まって休勤日の職員なのだ。だから強制はしていない。休みの日ぐらい自由に過ごしたいと思うのは当然のことだし、やりたい人がやればいい話なのだ。

ただひとつ、事実として書けることがあるとすれば、それを楽しめない職員は辞めていく。いい悪いの問題ではない。いろんな考え方があるというだけの話だ。そして僕はこの話を書くと、決まって寂しい気持ちになる。それは何も職員に限った話ではなく、世話人にも同じことが言えるからだ。

僕が世話人になったころ（別に好きでなったわけではないのだが）、もっとたくさんの世話人が実はいた。とても熱心なことを言う人たちもいて、僕は「えらいなぁ」と思ってその人たちのことを見ていた。

「こういう『よりあい』みたいな介護をするところは素晴らしい！」

「もっとこんな施設が増えなきゃだめだ！」

「そのためにはがんばらなきゃいけない！」

そういう盛り上がり方は、僕にはまるでないものだった。僕はとても個人的な人間だし、団体行動も苦手で、人の役に立とうと思ったことも特にない。今だってそうだ。僕が今も「よりあい」と付き合っているのは、そうした志があるからではない。単に下村恵美子や村瀬孝生、そして若い職員の人たちと仲良くなってしまったからだ。そういう友だちみたいな人に「ねぇ、ちょっとお願い！」と頼まれれば、僕は嫌とは言わない。それが友だちというものだからだ。とにかくそうやって何か一緒にやっているうちに、僕はいつの間にか「よりあい」と付き合うことが当たり前になってしまっただけなのだ。

朝起きたら顔を洗うように、寝る前には歯を磨くように、うんこをすればおしりを拭くように、それが習慣になってしまえば、そこに意義など考える必要はなくなる。無意識でやっていることが生活の一部に組み込まれ、さらに遊びに近い色合いを濃くしていくと、そこから先はもうなんでもありだ。

僕の場合はそうだった。本当にそんな感じだった。けれど、あれほど意義を口にし、熱心に盛り上がっていた人たちは、もう「よりあい」に来なくなった。いつの頃からか、あれやこれやと理由をつけて足が遠のくようになり、そうして見事にいなくなった。あの人たちは何を素晴らしいと思ったのだろう。何をがんばろうと言ったのだろう。そしてあの盛り上がり様は一体なんだったのだろう。僕には今もよくわからない。

ときどき、そうした人たちのことを風の噂で耳にすることがある。あちこちに顔を出して同じようなことをしているらしい。それはそれでいいけれど、ちょっと首を突っ込んだだけなのに、まるでわかったようなことを触れ回っているという話まで聞いてしまうと、僕は正直がっかりしてしまう。美しい心の持ち主のような顔をして美しいことばかりを語ろうとする人はやっぱり怪しい。勝手な思い込みだけで先走り、そのくせ地道なことは全然やらない。そんな人がいると、周りは疲れて迷惑するだけなのだ。それに何だか気持ち悪い。

僕はそういう人たちに（おせっかいを承知で）言いたい。ユートピアなんか探すだけ無駄だと。そんなものは現実にはどこにもない。あるとすれば頭の中だけだ。それは頭の中にあるからこそ、美しく見えるのだ。ここではないどこかにあるのではない。ここになければ、そこにもないのだ。あっちこっち出かけて上澄みだけをすすり、それで世界が広がったとか深まったとか失望したとか言うのは間違っている。それじゃあ遠浅の海をただ横へ横へと広げているだけだ。いつも自分に都合のいい景色ばかり見て盛り上がっている。自分探しと同じだ。それでは何も知ったことにはならない。海には深海魚のいる世界だってあるのだ。それを知るためには、ひとつの海を深く潜っていくしかない。世界は奥が深いからおもしろいのだ。

何はともあれ、そういう人たちが一人もいなくなったということは、僕らがやっていることが、それぐらい泥臭かったということなのだろう。僕らはその夏も泥臭く資金を集めていた。頭にビカビカ光るＬＥＤのおもちゃをくりつけ、お祭りでテンパっているチビっ子たちを言葉巧みに誘惑しながら、百円と二百円のおもちゃを売って、お小遣い巻き上げ作戦に励んでいた。

6

長い夏が終わり、短い秋が足早に過ぎていくと、勝負の冬がやってきた。十一月に入ると、村瀬孝生はまたピリピリとした世界の中で時間を過ごすハメになった。まもなく審議委員の前で一発勝負のプレゼンテーションを行わねばならないのだ。その出来不出来ですべてが決まる。すっかり当てにしている補助金七千万円。もしここでスべるようなことになれば、特養建設計画はたちまち頓挫し、「よりあい」には確実に暗黒の時代がやってくる。イチかバチか。丁か半か。その命運はプレゼンター・村瀬孝生の双肩《そうけん》にかかっていると言っても過言ではない。暮らしの場を求めているお年寄りたちがいる。介護に奮闘している家族がいる。建築資金を死にものぐるいで集めている職員と世話人がいる。そしてそんな「よりあい」を陰ながら支えてくれた多くの支援者たちがいる。このことを思えば、得体の知れない震えが来るのも当然だった。ワールドカップでペナルティキックを託された気分——舞台こそ違うが、それはサッカー日本代表の心境におそらく似ていたことだろう。

持ち時間わずか五分。その短い時間の中で「よりあい」の特養計画をどのように話し、印象づけることができるか。村瀬孝生の頭はそのことで一杯一杯だった。僕らにはもう祈ることぐらいしかできない。いってらっしゃいと静かに背中を押し、にっこり送り出すよりほか、何もできることはなかった。

＊

「あんな村瀬さんの顔、僕初めて見ました」

同席した職員・安永くんの報告によれば、そういうことだった。具体的にどんな顔だったのかは僕にはわからない。とにかく村瀬孝生は審議委員の居並ぶ前でこう言ったという。

「たとえ特養を建てることになっても、我々がこれまでやってきた支援のあり方は、なにひとつ変わることはありません」

五分という短い持ち時間の中で、村瀬孝生はただただど真ん中にボールを蹴り続けることを選んだのだ。それは人が腹をくくったときに取るべき態度の中で、最善手と呼べるものだと僕は思う。こういうときこそ、照れも力みも小細工もなく、ただ静かに心を燃やすのだ。五分で伝わらないような熱意や真摯《しんし》さは、三十分やったところで伝わりはしない。真剣勝負とはそういうものだ。

審議委員は（面接官の多くがそうであるように）、その発言を顔色ひとつ変えることなく聞いていた。時折メモを取るだけの幾分しらけた感じのするムード。しかしそれもまた、審議委員の取るべき態度なのかもしれなかった。決して心からしらけていたわけではない。その証拠に、委員の一人は質疑応答の際にこんな個人的感想を付け加えたという。

「計画を聞かせていただきましたが、大変、感銘を受けました。こういう施設が本当にできるのなら、私は見てみたい気がします」

結果報告は約一か月後という話だった。ちょうどクリスマスの時期だ。サンタクロースが橇《そり》に乗って補助金を運んできたという話は僕らも聞いたことがない。きっと郵便屋さんが、合否の記された運命の書類を運んでくるのだろう。その一か月は怖いようで待ち遠しい、そんな一か月になった。

7

森のあばら家で過ごす冬は本当に寒い。頬で感じることができるほど、冷たいすきま風が入ってくる。

事務所と『ヨレヨレ』編集部がある畳敷きの部屋では、ふたつの石油ストーブをフル稼働させても足下から冷えが来た。底冷えというヤツだ。灯油缶は次々に空になった。寒さに弱い僕は靴下を二枚重ねにして履いたり、セーターを二枚重ねで着たりして防寒に努めていたが、それでもまだ震えがきた。

十二月も二十日を過ぎるころになると、下村恵美子は落ち着かなくなった。ちょこちょこ外に出て、郵便受けを開けて見ている。たいていはつまらないチラシが入っているだけだ。下村恵美子はつまらないチラシをつまらなそうに持って戻ってくると、つまらなそうな顔をしてそれをゴミ箱に捨てていた。僕らも見に行かないだけで、合否を知らせる封筒を待ち遠しく思う気持ちは同じだった。

二十一日と二十二日はひとつの郵便物も届かず、二十三日は国民の祝日でやっぱり何も届かなかった。二十四日クリスマスイブ。この日に採択の通知書が来れば、きっと最高の気分になれたことだろう。しかし現実はそうドラマチックにはできていなかった。森のあばら家には郵便屋さんもサンタクロースも姿を見せなかった。下村恵美子はもう待ちきれないにもほどがあるといった様子で、郵便受けをがちゃがちゃがちゃがちゃ開けたり閉めたりしていた。世話人もしびれを切らし始めたようだ。事務所には何本もの電話が入り「届いた？」「まだ？」「もう役所はなんしよんか！　まさか仕事納めしとんやないやろね！」と、まあ似たり寄ったりの気持ちをぶつけていた。

市役所のネームの入った封筒が届いたのは、二十五日の午前中だった。僕はその知らせを自宅寝室で布団にくるまりながら聞いた。

「ナナセンヨンヒャクマンエンっ！　ナナセンヨンヒャクマンエンっ！」

まだ寝ている人間を電話で叩き起こしておきながら、ただそれだけを大声で叫ぶと、下村恵美子は電話を切った。きっといろんな人に電話をかける必要があるのだろう。声の調子は恐ろしく弾《はず》んでいて、キーもいつもより高かった。しかしその暴力的とも言える目覚まし装置は、僕に二度寝することを許さなかった。僕はあきらめて布団から這い出すと、綿入りの半纏《はんてん》に袖を通し、寝室のカーテンを開けて外の様子を眺めた。

冬の空だった。

寒気《かんき》をたっぷり含んだ灰色の雲が、重く垂れ込めたまま動いていない。今日も寒い一日になりそうだった。でも悪い一日ではなさそうだ。そして資金作りに明け暮れた激動の二〇一三年も、あと少しで終わる。

「よかったよなぁ……」

僕はそうしてしばらく、冬の空をただぼんやりと、脱力したまま眺めていた。

*

二〇一四年一月。年明け一発目の世話人会は祝賀ムード一色になった。あちこちで缶ビールのプルタブが開けられ、赤ワインのコルクが抜かれた。

「今日はもう何も話し合うことなどありません！　みなさんで楽しく飲み食いしましょう！」

テーブルの上にはオードブルをはじめとするたくさんの料理が並べてあった。ローストビーフにハム、ソーセージに唐揚げ。ボウルには温野菜のサラダが山ほど盛られていて、ストーブの上では大量のおでんが湯気を立てていた。よくわからないがカレーも作ってあるらしい。村瀬孝生は乾杯に際し、集まった世話人にお礼めいたことを述べた。

「みなさんのおかげで、七千四百万円もの補助金が無事いただけることになりました！　ありがとうございます！　でも、まだまだ資金作りは続きます！　今年もどうかお見限りのないよう、おつきあいのほどよろしくお願いします！　乾杯っ！」

飲み物の入ったグラスがあちこちで音を立てた。僕らはおめでたい言葉を大声で交わしながら飲み物を口にすると、なぜか自然に拍手をしていた。不思議とそういう気分だったのだ。そうして、ただでさえ陽気で脳天気な世話人会メンバーに酒が入り始めた。あとはもうドンチャン騒ぎである。

「あたしはもうぜったい補助金もらえるて、最初から思うとったもんね！」

「ああ、うちもそげん思うとった！」

「うちらがもらえんのやったら世の中間違っとるったい！」

「ほんなこったい！　ほんなこったい！」

本当に補助金がもらえてよかったと、お酒の飲めない僕は思った。もしもらえていなかったら、この人たちは暴動を起こしていた可能性がある。襷《たすき》鉢巻き姿で長刀《なぎなた》持ちだし「えい、やあ、たあ！」だ。審議委員は全員めった斬りにされていたことだろう。そんな恐ろしいことが起きなくて本当によかった。

グラスにワインをじゃぶじゃぶ注がれて、村瀬孝生は完全に酔っ払っていた。大して酒に強くないのだ。顔は真っ赤になっていた。宴席もそこかしこで会話に花が咲き、職員と世話人は一緒になってやんやんやんやん言っていた。もう何を喜んでいるのかさえわからなくなるほど、その日僕らは陽気だった。

しかしそれは束の間の喜びでしかなかった。これから起きる一大事を、このときの僕らはまだ何も知らなかったのだ。

06

ケ・セラ・セラ
生々流転篇

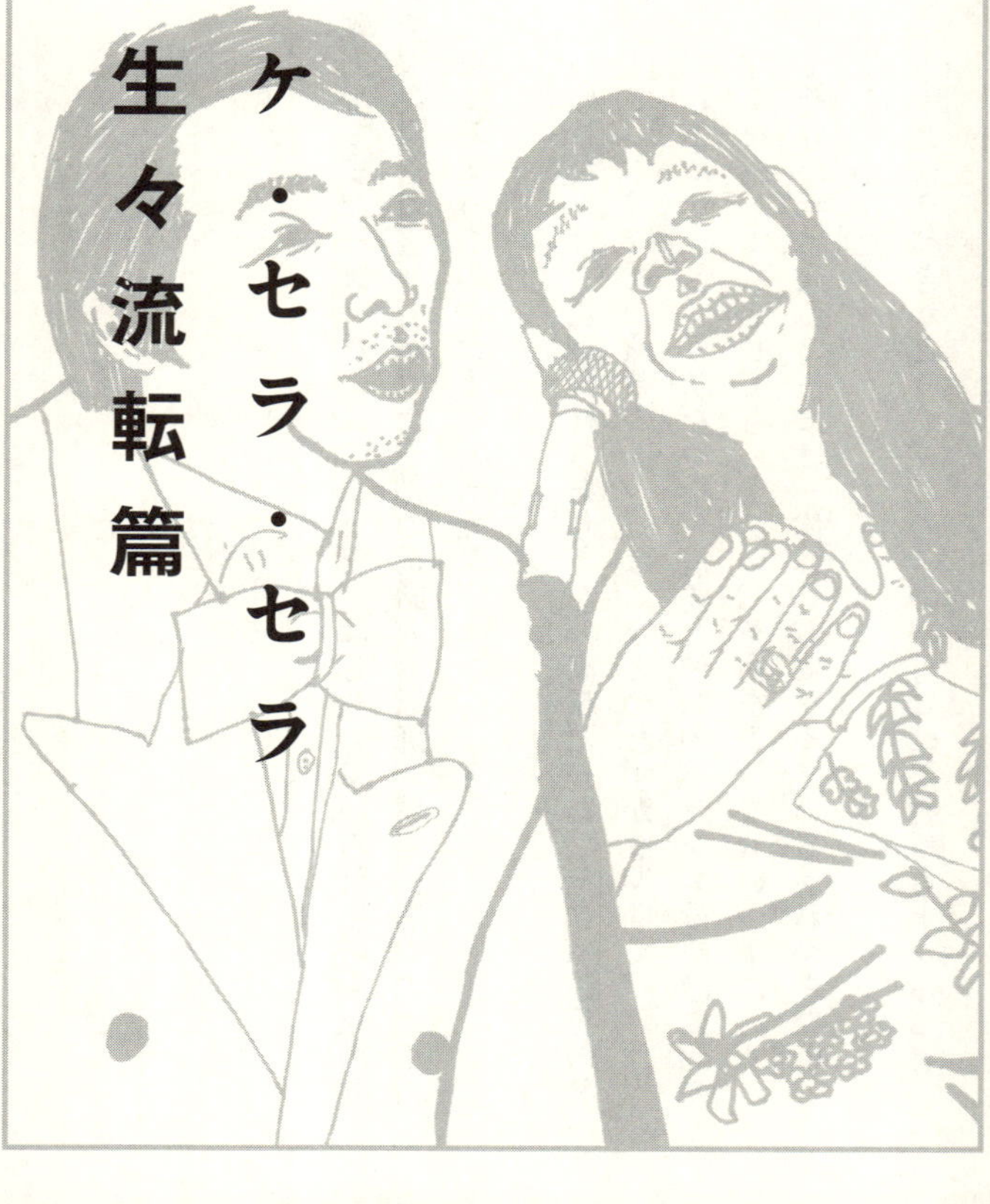

1

まったく「一難去ってまた一難」とはこのことだ。はしゃいでいられたのも束の間のことで、ドンチャン騒ぎで盛り上がった一月の世話人会以降、僕らに届くニュースはどれもブルーに染まるようなものばかりだった。

まず僕らを叩きのめしたのは、建築資材のありえない高騰《こうとう》だった。それは破竹の勢いで値上がりを続けていて、資材の種類によっては、ほんのわずかな期間で、「二倍、三倍に跳ね上がってしまった」という話だった。需要と供給のバランスは急激におかしくなっていて、注文を出しても応じてもらえない、予約を入れてもいつ手に入るかわからない、そしてそれが手に入るころには一体いくらになっているかわからない、そういう状況にあるらしかった。

運の悪いことに——と言うべきかどうか、この年の四月には消費税も上がることになっていた。そのこと自体はさすがの僕らも織り込み済みだったが、天井知らずで資材が高騰するとなると話はまた別だ。億単位の建築費にかかる三パーセントの増税分は、ただでさえ数百万円の上乗せなのだ。そこに資材のありえない高騰と高騰分の消費税までくっついてきたら、僕らの算盤《そろばん》勘定は大幅に狂ってしまう。

続いて僕らを叩きのめしたのは、「職人さんが足りなくなっている」という事実だった。建築資材が奪い合いになっているのと同様、人手もまた奪い合いになっているというのだ。建築会社は職人さんの確保と囲い込みに奔走していて、来《きた》るべき何かに備えている。総工費一、二億円程度の小さな建築物に色気を感じる会社は減っていて、入札が成立しない事案も出始めているという。どうせ人手と時間をかけるなら、もっと儲かる方に手を挙げよう――入札に参加しない建築会社の考えは、そういうことなのかもしれないし、単に忙しすぎて手が回らないということなのかもしれなかった。しかしそれがどんな理由であれ、入札が不調に終われば、補助金の絡んだ建築計画はたちまち頓挫してしまう。つまり「建たない」ということだ。

建築業界で何かが起きていた。

その引き金を引いているのが「東京オリンピック」だと知ったとき、僕らはへなへなと座り込みたいような気持ちになった。降ってわいたこのバブル的狂騒は、「必ずしも今やる必要のない国家的プロジェクト」によって引き起こされていたのだ。

（人もモノもお金も、そうやって長いものにぐるぐる巻かれて、あっという間に持っていかれてしまうんだ……）

むなしい気分だった。結局はそういうことなのかと寂しくもなった。オリンピックへの一極集中が、被災地の復興事業にも影響を与えている、そんな話まで新聞で目にしてしまうと、僕は二〇二〇年に開催されるスポーツの巨大祭典にどういう気持ちで旗を振ればいいのかわからなくなってきた。頭の使い方をわざと間違える人たちがそこにいて、それをそそのかす人たちがそこにいる。にやにや笑いを浮かべる人たちがそこにいて、ひそひそ声で話す人たちがそこにいる。スポーツを隠れ蓑《みの》にしたビッグビジネス。国の威信を謳《うた》い文句に発動する巨大システム。僕はたまらなく不愉快だった。

とにかく僕らは、ぼったくりみたいな値段のついた資材を買うために、手作りジャムを売ってきたわけじゃない。ぼろ儲けを企《たくら》んでいる誰かの懐を肥やすために、バザーをやってきたわけじゃない。だけどどれだけ歯がゆい気持ちになったところで、そういう状況を変える力がない以上、僕らが積み上げてきたものなど、いとも簡単に吸い取られていってしまうのだ。

無力感は人のやる気を削《そ》いでいく。表情から活力を消して、張り合いを奪っていく。資金稼ぎなんかどれだけやっても——。

誰も口には出さないけれど、僕らの士気は目に見えてしぼんでいった。

2

そんな中、一人黙々と動いていたのが建築家の神野さんだった。神野さんは二階建ての特養を「鉄骨」で造ることに、実はまるで納得していなかったのだ。

「二階建ての施設なのに、なぜ耐火建築物にしなきゃいけないんだろう？」

神野さんはどこか一途《いちず》なところがある人だった。子どものための建築物に興味を持つあまり、保育士の資格を取り、保育園に働きに行くような人だった。いつか自分がそうした建物を設計する日が来たら、建築家は何を大切にすればいいんだろう。それが知りたくて、週の半分を子どもたちと一緒に過ごしているような人だった。

そんな神野さんが通っていた保育園は「耐火建築物」ではなかった。「準耐火建築物」で認可を受けた「二階建ての施設」だった。準耐火で認可が下りれば、何も「鉄骨造」にこだわる必要はなくなる。事実、その保育園は「木造」であり、無垢《むく》材をふんだんに使った建物だった。

木造の建物には独特の味わいがある。子どもたちが少しずつ少しずつ成長していくように、建物も少しずつ少しずつその表情を変えていく。木は木材になっても年輪を刻んでいる。床は飴色になり、柱は日に焼けて貫禄を増していく。そうして時間と生活のありようを肌合いにしていくのだ。そういう生きた建物は人の気配や体温といったものを蓄え、それに応えようとするのかもしれない。いつしか人と馴染み、歩みを共にするようになっていく。

「よりあい」の特養は、森のような場所に建てる施設だ。ロケーション的には鉄骨造より木造の方が断然ふさわしい。それに木造の建物には「大工さんが建てた」という手作りの証《あかし》がそこかしこに気配として残る。人が暮らす場所にそうした気配があるかないかは大きな違いを生むし、なにより「よりあい」にはやっぱり木造の建物がよく似合うのだ。

「木造にできれば」と神野さんはずっと考えていた。そうすれば建築費だって一千五百万円は下げられるだろうし、入札に手を挙げる建築会社の顔ぶれだって確実に変わる。打ち合わせに現場を知らないスーツ姿の人をよこす会社より、作業着の胸ポケットにボールペンを差している人がやってくる会社の方が断然いい。ここで一緒に汗をかくなら、間違いなくそういう人たちだ。

あきらめの悪い人は（それは時と場合によるが）思いもよらないものを見つけてしまうことがある。神野さんのねばりは、木造建築への道筋を発見してしまった。

二階建ての特養に「規制緩和による特例措置」があることを見つけたのだ。

文書は厚生労働省が発布したものだった。構造改革特別区域におけるなんちゃらかんちゃらという、お役所然としたその文書の中に、「ある要件を満たすことができれば、二階建て特養にも準耐火建築物を認める」という一文を見つけたのだ。

＊

神野さんは脳が煮えそうになるお役所文をひとつひとつ解読していった。

「かくかくしかじか、こういう経緯でもって第二条第三項に定めた関係規定のほにゃららを削除する。なお本件は消防庁ともすでに協議済みであるからして、あとは各自でよく調べ、自治体にちゃんと相談してからやってちょんまげ。よろぴく」

どうもそういうことらしい。なるほどなるほど。そっか。そっか。それを早く言えよばか野郎。で、なにをどうクリアすればいいのか教えろばか野郎。

「かくかくしかじか、消防庁としては避難誘導のための限界時間というものを設定しているのであって、それは建物の設えによって微妙に違うから、以下に記す計算式を用いて、いっぺん計算してみ。ほんでもって、その時間内に全員無事に脱出できるっちゅうんなら、やればええがね。ただしそんためにはだ。よう聞いちょけ。地域の人も消火活動に参加するっちゅう証明もいるんぞ。わかっちょんかこら。あと言うておくがの、めんどくさいことは山ほどあるけん覚悟しちょけこら」

人命に関わる問題だ。ハードルは高くて当然だ。むしろ高くなければ困る。規制緩和が安易な建物の建設を許すようになれば、それは本末転倒というものだ。課せられる約束事は多いに決まっている。でもそれでいい。とにかく可能性はゼロではないのだ。

神野さんは首にマフラーを巻くと、ぼろぼろの自転車にまたがってペダルをこいだ。目指すはもちろん「よりあいの森」だ。

3

何事も切り替えが早いのが「よりあい」の特徴だ。道がそこにあるとわかった以上、やらないという選択肢はない。お金も政治力もない「よりあい」に武器があるとするなら、それは労を惜しまないという愚直さだけだ。

若い職員たちも「木造建築案」に賛成した。自分たちの職場は自分たちで作る。動くことで何かが変わる可能性があるのなら、結果はどうあれ、それはやる価値があることなのだ。

職員は有事の際に二分以内に駆けつけてくれる人を探した。近所を一軒一軒訪ね歩き、一人一人に事情を話して、頭を下げて回ることを始めた。口べたな職員のしどろもどろの説明に、それでも耳を傾ける人たちはいた。

森の筍をお裾《すそ》分けでもらったときはとても嬉しかったのよ、という人がいた。毎週土曜日のカフェが楽しみでね、という人がいた。住民説明会で話を聞いて考えるところがあった、という人がいた。地道にやってきたことが、署名という形になって還ってくる。そしてその署名にはねぎらいの言葉も添えられていた。

「いろいろ大変ね。でも応援してるわよ」

照れくさくて充実したものが職員の中に灯っていく。自分たちの仕事を理解してくれる人がいて、力になろうという人がいる。身勝手なお願いをして回っているのに励まされて帰ってくる。そこで得ていくものは、言葉ではうまく言えない何かだ。地域包括という言葉では決して語られることのない何かだ。

職員たちは図面の再検討も始めた。神野さんは巨大な建築模型を製作してその検討会に臨んだ。小さな人形を配置しては動かし、避難経路に盲点がないか、職員の意見に耳を傾ける。バルコニーをどう使うのか、歩けないお年寄りをどう誘導するのか。職員は手薄になる夜間の人員配置についても考えを巡らせた。宿直の人員を増やすことになるのは確実だが、それは覚悟の上だ。自分たちの職場を作るのは、自分たちなのだ。

神野さんは意見を集約しながら、木造用の図面に取り組み始めた。鉄骨造から木造への転換は、強度の見直しが新たに必要になる。梁を支える柱をどこに据え、筋交《すじか》いを壁のどこに入れて強度を確保していくか。図面はH案からI案、そしてJ案へと再び更新され始めた。それは更新されるたびに、避難誘導にかかる限界時間の算出も必要とした。消防庁との協議、そして役所との協議――その手間暇を考えると、仕様変更にかけられる時間はもうそう多くはない。神野さんは昼夜を問わず、ただこの建物のことだけを考えて動いていた。図面を持って協議の席で提案し、指導を受け、持ち帰って修正し、また協議に向かう。消防庁の係員は慎重な姿勢でその提案に耳を傾けていた。福岡初となる二階建て木造特養。未来につながるひな形は、この協議の席上で決まっていくことになるからだ。

市役所の窓口を訪ねると、おなじみの担当者が迎えてくれた。建築資材が高騰していることは補助金を出す側でも頭の痛い問題になっていて、何かいい手立てがないものか、模索しているところらしい。とにかく公共事業の入札が不調に終わることだけは、何があっても避けなければならない。それは役所にとっても、許してはいけない事態なのだ。

山茶花《さざんか》が咲き、椿が咲き、梅が咲いた。森に群生するクリスマスローズは白と紫の花をまるで頭《こうべ》を垂れるようにして咲かせ、桜は固い蕾《つぼみ》をつけて春の到来を待っている。その中にあって、神野さんの顔には疲労の色が濃く残るようになっていた。目はくぼみ、頰はそげ、ただでさえ痩せている体は細い棒のようになっていった。図面はついにN案へと進化し、九分以内に居住者全員が屋外に脱出できる設計になった。神野さんのねばり勝ちだ。ついに消防庁からのお墨付きも出た。市役所も仕様変更にゴーサインを出した。そのニュースは速報として世話人にも伝わり、神野さんの働きを称《たた》えるメッセージが次々に届いた。

二〇一四年、春。こうして森は再び沸いた。

思いもよらない吉報が届いたのは、それから間もなくのことだった。なんと四千万円近い補助金の上乗せが補正予算でつくことになったのだ。

総額一億一千百万円。

その額面を見たとき、「こんなことが本当にあるんだ！」と、僕らはびっくりして座り小便してバカになった。助かった。本当に助かった。もしこの上乗せがなかったら、「よりあい」は福祉医療機構から一体いくら借金することになっていただろう。おそらく借りても返せない額になっていたはずだ。

4

カフェのあるボロ家の減築作業が終わると（広さは半分以下になった）、雑木の生い茂る裏庭の整地も始まった。チェーンソーが唸《うな》りを上げ、森の木々が切り倒されていく。残った切り株は重機で土ごと引きはがされ、クレーンに吊るされて運ばれていった。大型トラックの荷台には、居場所を奪われた緑が山になって積まれている。紅白の花を咲かせた梅の老木も、たくさんの実をつけた杏《あんず》の木も、そして筍が山ほど生えた竹林も、そうして少しずつこの森から姿を消していった。

緑を潰していくとき、人は人間の身勝手さを思い知ることになる。それは物言わぬものたちの命と生活を奪っていく行為だ。鳥や虫も棲《す》み処《か》をなくして、どこかへ去って行く。一日一日、少しずつ開けていくその裏庭の姿を、僕らは心を痛めながら見守ることになった。僕らは確実に残酷なことをしている。豊かな森だっただけに、そのことを強く感じる日々が続いた。

夜になると、職員たちが「よりあいの森」に集まって、勉強会や話し合いをするようになった。ボロ家に集う彼らは、「よりあい」のこれからを担《にな》っていく職員たちだ。二十代後半から三十代前半。彼らはこの三年あまり、本当にくたくたになるまで働いてきた。夜勤を終えてもジャムを作ったり、バザー品の回収に行ったり、地域から寄せられる相談に乗ったり……。休みらしい休みも取らず、遊びらしい遊びもせず、それでも辞めることなく働いてきた。

僕はそういう職員たちの姿をずっと見てきたのだと思う。

なぜそこまで身を粉にできるのか。その問いに対する答えを僕は持っていない。僕に言えることがあるとすれば、「困難を前にして、それを共に打開しようとするとき、そこにいる人たちはとてもいい顔をしている」ということだ。地位とか名声とか、そういうものが欲しくてやってるわけじゃない。やるべきことがそこにあるから、それをやることでしか前に進めないから、ただそのことだけを懸命にやっている。そのシンプルさが、なぜか人を魅力的な顔にしていった。僕が見たのはそういう顔であり、そういう顔になっていく過程だった。そこに「ずるい顔」をした人はいない。「うそくさい顔」をした人もいない。何かを懸命にやることができれば、人はきっと「おかしな顔」にはならないのだ。

日が暮れてから始まる職員のそうした会合は、夜の十時ごろまで続いていた。彼らは「ユニット型特養」をまずは基本から学ぼうとしていた。暇を見つけては近隣の施設に見学を申し込み、そこで行われているケアを見て勉強してくる。自分たちのケアとは何がどう違っていて、そこから何をどう学べばいいのか。意見を持ち寄って交換し、考えを巡らせているようだった。

ユニット型に、ひとつ決定的に馴染《なじ》めないことがあるとすれば、お年寄りを囲い込んでしまいがちになる介護のあり方だった。そういう方向に一度はまり込んでしまえば、お年寄りたちは日がな一日、区切られたユニットの中で閉鎖的な時間を過ごさざるを得なくなる。顔ぶれに変化のない小さな集団は、一見、安定しているように見えて、実は煮詰まっている。ユニットとユニットとの交流が途絶《とだ》えがちになれば、いつしか風通しも悪くなり、施設の中に国境に似たものが生まれていく。

それは何もお年寄りの生活に限った話ではない。職員も自分の担当ユニット以外のことに目が届かなくなり、他のユニットに関心を持たなくなっていく。

「ユニットごとにおかしな意識を持つようになるんですよね。転倒事故が起きても、それが自分のユニットじゃなくてよかったとか、あっちのユニットより自分たちのユニットの方が仕事が楽でいいねとか」

かつてそうした特養で働いた経験を持つ職員の「実体験」に基づく話はとても参考になった。セクト化してしまうことで、ひとつの施設の中に意識のばらつきが生まれることは望ましいことではない。一枚岩になれないまま、職員の入れ替わりだけが激しくなる。そして一度そういうサイクルにはまったら、元の姿に戻すのは容易なことではない。

どんなに立派な建物を建てても、そんなことになったら台無しだ。定員二十六名の小さな特養。そうしたことが起きれば、そこはお年寄りにとっても、そして働くものにとっても不幸な空間になる。

これまで自分たちが大切にしてきた何かを変えるつもりはない。培《つちか》ってきたものを活かしていきたい。特養は、お年寄りが「暮らす」場所になる。「よりあい」が「宅老所」という主に「通う」場所でやってきた介護のあり方をどう続けていくのか。特養ができれば新しい職員もたくさん入ってくる。その体制をどうやって作っていくのか——。

準備しておくべきことは山ほどあった。そしてそれは、現場でお年寄りに接する自分たちが考え、自分たちで決めていくことだった。

職員の顔が少しずつ逞《たくま》しくなり始めたのは、たぶんこの頃からだった。

＊

春が過ぎて夏が来ても「よりあい」の資金作りは相変わらず続いていた。秋が来ても冬が来ても、そして次の春がまた来ても、それは続くことだろう。資金部会の部長を務める後藤さんは「よりあいの資金作りは永久に不滅です！」とことあるごとに言っていた。永久に不滅。僕はその言葉の持つ意味を今まであまり深く考えたことはなかったが、こんなことを死ぬまで続けるのかと思うと、いや僕が死んでもそれが続いていくのかと思うと、いやいやそれは人類が滅亡するまで続いていくのかと思うと、なにか宇宙的なスケールをそこに感じてめまいがした。

とにかく特養が建てば、その建築費は耳を揃えてお支払いすることになる。後藤さんは村瀬孝生の講演や介護関連のセミナーが開かれると、その壇上でマイクを握り、寄付や募金を呼びかけていた。

「よりあいの資金作りは永久に不滅です！」

職員はボーナスが出ると、その一部を「よりあい」にカンパしていた。もはやここまで来ると、お金とは一体なんなのか、その意味するところさえよくわからなくなってくる。

今でこそ何とも思わなくなってしまったが、そのことを初めて知った四年前、僕は相当うろたえてしまったことをよく覚えている。いくら世情にうとい僕でも、介護職の給料が安いということぐらいは知っていた。ボーナスだってそんなにたくさんはもらっていないはずだ。にもかかわらず、職員はまるでそうすることが普通であるかのように、気前よくカンパしていたのだ。

　その事実は僕をおろおろさせた。その心意気がなんだかまぶしく感じられたのだ。正直、聞かなきゃよかったと思った。銀行口座に残金ゼロの僕は、そのことにもおろおろしながら、とにかく妻に頭を下げ、「どうか僕に十万円を貸してください」とたのんだ。「え、なんで?」と聞かれた。なんでと聞かれても、僕だってなんだかよくわかっていないのだから、うまく説明できるはずがない。悪いようにはしないからとか、これは君のためでもあるんだよとか、いいから黙って貸してくれとか、ますますよくわからないことをおろおろ口走って妙な空気になったりもしたが、妻は渋々貸してくれた。借りてしまえばこっちのものだ。僕はその十万円で（生まれて初めて）債券というものを買った。「よりあいの森をつくる会」が発行する、その名も「森の債券」だ。別に買ったからといって、配当金的なものはもらえない。二十年無金利でお金を貸すだけの話だ。一口金十万円也。まあまあ勇気のいる金額だ。集めたお金は、世話人の拠点でもある「カフェのあるボロ家」の改築修繕費に充てられる。自分で出した十万円ではなかったから、僕はその債券を妻の名義にした。

　債権者には債権証書が手渡されることになっていた。「はい、これ」と手渡された証書は、しかし恐るべき証書で、「森の債券・十万円」とバカみたいな字がプリントされた単なるコピー用紙だった。ファンシータッチのイラストで描かれた少年少女が「わーい」と両手を上げている。僕は十万円と引き換えにもらったその証書を見て、膝がガクガクした。まるでクリーニング屋さんの割引券だ。いったい妻になんと説明すればいいのだろう。僕はまたおろおろするハメになった。

そういえばあの債権証書はどこにいったんだろう？　もうどうでもいいと言えばどうでもいいのだが。

そういう資金作りをしていると、不思議なことが起こるようになる。「少なくて申し訳ないのだが」と寄付の申し出があるのである。あらまあ、そうですかぁと油断していると、ときどきとんでもない額が入金されていたりして、腰を抜かすことになる。何かの間違いじゃないのか――おそるおそる確認の電話を入れると、その人は笑いながらこんなことを話す。

「いやぁね、こないだ講演会に行ってジャムを買ったんだけど、それがなかなかおいしくてさ。聞けばおたくの職員さんが仕事の合間に手作りしているっていうじゃないか。そうやって施設を建てるお金を作ってるとか、足りない給料を補ってるとか、ちょっと感心してね。なにかその足しにでもなったらいいなぐらいの気持ちなんで、どうか気にせず受け取ってもらえないかな」

　そんな気持ちのいい人がこの世にいて、そんな気持ちのいいお金がこの世にはある。そういう瞬間に立ち会えると、爽快な風がすぅっと吹いて薄いカーテンを揺らすのを見たような気持ちになる。幸運なことに、僕はそんな瞬間に何度か立ち会うことができた。

　僕らが集めたお金には、そういうお金がたくさん入っている。額の大小にかかわらず、寄付をいただくたびに、僕らは清々しい気持ちになった。お金に対する執着を、「お風呂に入ること」よりずっと下にランキングできるようになれば、すっきり気持ちよくなれるのかもしれない。がめつく貯め込んでみたところで、お金には自分の名前を書く欄がない。

5

ふたつ、いい話がある。みっつあればもっといいのだろうが、欲張ってはいけない。

まず喜ぶべきことのひとつは、入札が不調に終わることなく、無事に済んだということだ。建設を請け負ってくれることになったのは、山口工務店という名前の会社だった。もちろん、作業着の胸ポケットにボールペンを差して打ち合わせに来てくれるタイプの会社である。

現場監督の貞弘《さだひろ》さんは、ごつごつした親指でノック式のボールペンをカチンといわせると、工程表にざざざざっと走り書きをしていた。メモが終わればそのボールペンは再びノックされ、たばこの箱と百円ライターが入った胸ポケットに速《すみ》やかにしまわれる。貞弘さんは酒を飲みさえしなければ、寡黙《かもく》なダンディズムを漂わせることもできる男だった。浅黒い肌に刻まれた深い皺《しわ》。貞弘さんは低く嗄《しゃが》れた声で静かにこう言うのだ。

「インチキはいかんですよ。インチキは」

しかしひとたび酒を飲んだ暁には——陽気で楽しいダメ親父に変身してしまうらしい。そういうところが職人さんたちのハートをぐっとつかむのだろう。とにかく、いい現場監督のいる建築現場には、腕のいい職人たちがこぞって集まってくることになっている。貞弘組はそうした職人さんたちの鉄の結束により、間違いのない建物を建てていく。

そんな男たちの集団を心から歓迎していたのが、森に住む猫の茶々だった。職人さんたちが休憩する時間になると必ず姿を現し、茶菓子をつまみながら温かいコーヒーを飲んでいる職人さんたちの足下にじゃれついて、なにやら媚びのようなものを売っていた。茶々は知っているのだ。これだけたくさんの人がいれば、必ず猫好きの人がいるということを。そうして茶々はまんまと一人の職人さんをたぶらかすことに成功し、「よりあい」でもらうキャットフードよりも遥かにグレードの高いカリカリをたらふく口にするようになっていった。

「おい茶々。お前いくらなんでもさ、少し調子よすぎじゃないか?」

何を言われようがどこ吹く風、茶々はむくむくと太りだし、いつしか贅肉《ぜいにく》を揺らしながら森を闊歩《かつぽ》する完全肥満体の猫になった。ご満悦の様子で目を細め、日だまりを見つけてはその大きなおなかの毛繕《けづくろ》いに励むという、それはそれはバブルな生活を謳歌していた。

喜ぶべきことのふたつめは、職員採用に関する話だ。「よりあい」はここでも人に恵まれた。職員採用の募集をかけると、定員よりも多くの人が集まり、「ぜひここで働きたい」と申し出てくれたのだ。不人気で知られる介護職に、これだけの応募があるとはまったくの想定外だった。募集をかけても規定の人数が揃わず、建物ができても開所できないという笑えない話がいくらだってある業界なのだ。

　採用試験の日。会場となった「ふくふくプラザ」という名のなんとなくおめでたい感じがする貸ホールには、リクルートスーツに身を包んだ学生の姿もちらほらあった。大学や専門学校向けにパンフレットを作り、一応配布はしていたのだが、まさか本当に来るとは誰も思っていなかった。多くの会社が大まじめな内容と豪華な装丁《そうてい》のパンフレットで優秀な人材を確保しようとする中、「よりあい」のそれはあまりにもどうかしていたからだ。

「ウィ・アー・宅老所よりあい！　ウィ・ウォント・介護職！　前途有望な学生諸君。一風変わった介護施設で、一風変わったじいさんばあさんと、一緒にドタバタしてみないか？」

　そんなスローガンから始まるパンフレットは、パンフレットというより、チラシか修学旅行の「旅のしおり」に近いものだった。しかも事務所のコピー機で両面印刷した二色刷りである。それを吉満さんが裁断してホッチキスで留めただけのものだ。

　文面を考え、編集し、レイアウトをしたのは僕だ。下村恵美子から「明日持って行かにゃいかんけん、あんた今すぐ作ってくれん？」と信じられないことを突然言われて、二時間ほどで仕上げたのだ。

「あのね、こんなものをパンフレットと呼んでだね、学生集めようなんてね、向こうだって人生かかってるんだからね、絶対来るわけないと俺は思うよ。それにさ、自分の息子や娘をさ、一風変わった介護施設で働かせたいなんて思う親がさ、あるいはこのパンフレットを見せられてだよ、『よっしゃ、恵子がんばれ！』とか、『光男ちゃん、受かるといいわね！』とか、背中を押すような親がさ、いったいこの世界のどこにいると思う？　そのへんどうなの、吉満さん？」

吉満さんはうひゃうひゃ笑いながら、裁断し、ホッチキスで留めて、そのおかしなパンフレットをせっせと量産していた。

そんな裏事情があったものだから、志望動機の欄に「パンフレットを読んで」と書かれた履歴書が送られてきた、などという話を聞くたびに、僕の小さな胸は痛んだ。「もしもし。そこのあなた。お気は確かですか？　どこかの施設と間違って応募されてませんか？」。そう尋ねてみたくもなった。その極めつけが「実は私、『ヨレヨレ』を読んで、絶対ここで働こうって決めたんです！」という奇人変人が現れたことだった。採用前ならともかく、採用後にそんな重大発表をされたら、僕の小さな胸は爆裂寸前だ。せっかく今日までこつこつと、地獄に落ちないように落ちないようにと頑張ってきたのに、人様の人生を狂わせるような真似をしてしまったら、鬼のマークが入った切符をお得な先割りで買ってしまったも同然だ。地獄行き特急エンマ2号、3番ホームから発車である。

何はともあれ、新しい職員が十九名、二〇一五年の四月から働くことになった。「よりあい」職員はこれで倍近い人数になる計算だ。

6

二〇一四年が暮れて二〇一五年になり、光陰は矢のごとく飛んで三月になった。

約五か月の工期も終わりに近づき、建物引き渡しの時期が迫ってきた。現場を覆《おお》っていた防塵《ぼうじん》シートがはずされ、足場が解体されると、建物の全貌が明らかになった。

それは看板さえ掲げなければ、とても老人ホームには見えない建物だった。

なんと言えばいいのだろう。開放的な学生寮のようでもあるし、今流行のシェアハウスのようでもある。気取りがなく、落ち着いていて、感じがいい。それは紛《まぎ》れもなく、僕らが望んでいた建物の姿だった。

　工事もいよいよ大詰めにさしかかっていた。建具屋さんが入り、引き戸の具合を調整している。電器屋さんが照明の取り付けをしたり、細かいスイッチを付けたりしている。床はまだ養生用《ようじょう》のカバーで覆われているが、無垢材を使った床になっているらしい。そのカバーの隙間から、木材のいいにおいが漏れている。この無垢の床は世話人と職員が手分けして米ぬかオイルで磨く予定だ。

　広いデッキに使う杉板の塗装もみんなでやることになった。大工さんが面取りしてくれた無垢の杉板をずらりと並べて、自然塗料で塗っていく。刷毛《はけ》でざっくり置いた塗料を、布で伸ばすようにして塗り込んでいくのがムラなく塗るコツだ。大人数でやったせいか、それはとても楽しい作業になった。塗料が撥《は》ねて顔に付いたり服に付いたりもしたが、それもまた盛り上がる要素になった。僕らはその作業を三日間に分けてわいわいやった。そうして三百枚ほどあった板材の両面を隈無《くまな》く塗り終えた。本当は、デッキを張っていく作業も僕らでやる予定になっていたが（そうすることで工賃を少しでも浮かせようとしたのだ）、素人にやらせるとメチャクチャになると思ったのだろう。大工さんは「もうあとは任せろ」と、その作業を肩代わりしてくれた。

こうして福岡初の木造二階建て特養は完成した。三月の世話人会は、そのできたての建物を見学するところから始まった。

煌々《こうこう》と明かりが灯った建物が、夜の森に浮かび上がっている。それは電球色で包まれていて、あたたかい感じで僕らを迎え入れる。

新築の木造建築物は本当にいいにおいがした。清涼で、色にたとえるなら少しだけ青い感じがするにおいだ。養生用のカバーも全部はずされて、白い木肌の床が顔を出している。柱も階段も木でできていた。僕らは玄関で靴を脱ぐと、わあわあきゃあきゃあ式に見学して回った。あちこちの引き戸を片っ端から開けて回り、中をのぞいてはいちいち喜んだ。ここはお風呂なのね。まあ、いい感じ。で、ここがお便所。まあ、いい感じ。もうおしっこしちゃおうかしら。あ、でもまだ紙がないわ。あら、なに言ってんのよ。ここウォシュレットよ。乾燥ボタン押したら、ふわーって温風が出てすぐ乾くんだから――。

一階には宴会場を思わせる三十畳ほどの広間があった。一部畳敷きになっていて、い草のにおいが薫《かお》っている。この広間がお年寄りたちの集いの場になる予定だ。職員はこの場をとても重要な場所だと考えていた。昼間はユニットごとにある居間ではなく、ここでみんなで過ごそうというわけだ。お年寄りも職員もユニットを超えた形でここに集う。日々の生活を通じて言葉を交わし、食事も共にする。誰の隣に腰を下ろしてそうするかは、きっとその日によって違うことだろう。そういう形で共に時間を過ごしていくことになれば、お年寄りも職員も、ユニットの概念から自由になれる。いろんなお年寄りがいて、いろんな職員がいる。いろんな組み合わせを持つその関係性の中で、きっといろんなことが起きるだろう。たとえば――。

「あんた、なんば言いようとね！」

「あんたあんたて、さっきから誰に向かってあんたて言いよんか、あんたは！」

些細《ささい》なことで口げんかを始めたお年寄りを、まあまあと別のお年寄りが仲裁しに行く。

「ほらあんた、けんかはやめんですか！」

その「あんた」が裏目に出て、シュールなけんかはさらにヒートアップする。そこに職員が巻き込まれていき、よくわからないドタバタに発展していく。

「だいたい誰と誰が始めたとな！　なんでこげなことになっとるとな！　……あ、こげなとこに千鳥饅頭の落ちとる」

そうやって誰かが丸めて脱ぎ捨てたベージュの靴下を口に運ぼうとする。それを眺めて笑っているお年寄りがいて、我関せずと大口を開けて眠るお年寄りがいる——とまあ、こんな感じのことだ。でもそういうばかばかしい日常こそが、「宅老所よりあい」にとって一番ふさわしい姿なのかもしれない。

そんな集いの場で起きるだろうドタバタを、逐一《ちくいち》目撃できる場所にメインキッチンがあった。

ちょっとびっくりするようなキッチンだった。なんだか一流レストランの厨房みたいな雰囲気だ。ステンレスが張られた広い調理場と、ステンレス製の深いシンク。そのシンクのそばにはこれまたステンレス色に輝く大きな食器乾燥機がある。プロ仕様のガスコンロには黒いゴトクが並んでいて、その色合いをシックに引き締めている。大きなフライパンをシャッシャッと、シェフのコスプレでもして振りたくなる感じだ。フランベとかいう調理方法も少し試してみたくなる（しないけど）。床は煉《れん》瓦《が》のような建材でできていて、水を垂らすとすうっと吸い込んでいった。女性陣はもう大騒ぎしながら、やんやんガチャガチャやっている。あら、いいわぁ。それガスオーブン？まあ、いいわぁ。これいいわぁ。で、冷蔵庫がここにくる？ああ、ここはいいわぁ。それいいわぁ。あ、そしてこのカウンターからお料理を出すのね？もう、いいわぁ。なんかいいわぁ。

お年寄りの居室もシンプルで過ごしやすそうな造りだった。本当は畳の部屋にしたかったのだが、予算の都合でそれは叶わなかった。それでも感じは全然悪くない。本当にシェアハウスみたいだ。木造のせいか、ワンルームマンションで感じるような圧迫感も全然ない。場所によっては桜の花が間近に迫って見える部屋もある。満開の折にはかなり贅沢な気分が味わえることだろう。僕なら断然この部屋に住みたいところだ。

居室の照明はさりげなく凝《こ》っていた。ランプシェードが部屋ごとに全部違う。乳白色のガラスに水色の縁取りがついた朝顔形のシェード。細工模様が美しい凹凸を描く陶器製のドーム型シェード。透かし絵が入ったガラスを格子の木枠で支える和風シェード……。そのほとんどが今はもう手に入れることのできないアンティークだった。

もちろん、そんな洒落た真似をする人間は一人しかいない。すべては下村恵美子がこつこつと集めてきたコレクションで、それが取り付けられていたのだった。僕らは居室の一つ一つを回り、どの部屋が好みかを言い合ったりした。そうして、充実した気持ちに浸りながら、建物の中をゆっくり巡っていった。

＊

建物の引き渡しが正式に済むと、家具や調度品が職員の手によって運び込まれるようになった。テーブル、ちゃぶ台、ソファー、椅子、タンス、飾り棚。そのどれもが頂きものだ。チラシを作って配り、家庭で不用になったそうしたものをどうか頂けませんかと、広く募集していたのだ。電話があれば職員が軽トラに乗って駆けつけ、使えるものかどうかを見極める。破損しているものでも修理できそうなものは引き取り、自分たちでなんとか使えるようにする。それは「よりあい」が得意とすることのひとつだった。

贅沢が言えるわけではないから、集まってくるのは年代もデザインもすべてバラバラのものたちだ。けれど不思議なことに、こうして集めてうまく組み合わせていくと、その雑多さが逆に落ち着いた雰囲気を醸し出し始める。人と一緒だ。同じような顔をした人しかいない世界は案外つまらない。それに居場所を無くしかけたものでも、集う場所がどこかにあれば、もう一度やり直すことができる。

それを慰労会と呼ぶのか、新築祝いと呼ぶのかは知らないが、この建物でまず最初に行われた催しは、大工さんをはじめとする職人さんを招いての大宴会だった。寿司桶やオードブルを載せた大皿がいくつも運び込まれ、ビール、日本酒、焼酎の類いも大量に準備された。長い座卓をいくつも寄せてひとつにし、各自思い思いの場所に座ったら、あとはもう堅苦しい話は抜きだ。事故もけが人も出すことなく、こうして素敵な建物が建ったのだ。そのことを素直に喜べればそれでいい。

貞弘組の男たちは、気持ちのいい男たちだった。酒の飲み方だってばっこんばっこん気持ちがいい。めでたい、めでたい、おめでたい。祝い酒は陽気な酒だ。さあ飲め、やれ飲め、もっと飲め。酒は飲め飲め飲むならばだ。一升瓶は信じられないスピードで空になり、床にごろごろ転がり始めた。村瀬孝生をはじめとする「よりあい」職員は早々に潰され、今は骸《むくろ》となってごろごろしている。あな恐ろしや酒武者たちの宴《うたげ》。うわばみがそこら中に跋扈《ばっこ》して、ヤマタノオロチと化している。

夕刻に始まったそのにぎやかな宴が、一体いつどのような形で終わりを迎えたのかは定かでない。兵《つわもの》どもが夢の跡。広間ではようやく討ち死にを果たした職人さんたちが、大の字になっていびきをかいている。この建物で最初に寝泊まりをしたのは、そういうわけで貞弘組の職人さんたちだった。仏像に魂を入れる儀式があるように、職人さんたちはこうして建物に魂を入れてくれたのかもしれない。

7

開所式は二〇一五年の四月一日に行われた。あいにくの雨模様だったが、それでも森には早い時間から人が集まり始め、すでにあちこちで挨拶めいた言葉が交わされている。普段はカジュアルな服装で通している職員も、この日ばかりはスーツに身を固め、少し改まった顔でそれに応対している。その胸には花の徽章《きしょう》が留めてあり、晴れがましいことこの上ない。記録係として呼ばれた僕は、そうした職員のレアな姿をキヤノンの一眼レフカメラで押さえていく。

一階の広間にはたくさんの椅子が並べられていたが、どうも数が足りなくなってきたらしい。あちこちからパイプ椅子が持ち込まれ、一人でも多くの人が座れるようにと並べ替えられている。各「よりあい」からお年寄りたちもやってきた。小さな花束を持っているお年寄りもいて、それを職員に渡して笑っている。ズームレンズで覗くとカーディガンの袖にご飯粒がついていたりするのだが、誰も気づいていないからそれでいい。

事務室には谷川さんの詩が届いていた。開所祝いにとプレゼントされたオリジナルの詩だ。さすがは粋《いき》なじいさんだ。やることがさりげなくてかっこいい。僕もそういうじいさんになろう。そして若い女性に腕を組んでもらって、そのおっぱいの感触を楽しむのだ。僕は知っている。谷川さんがファンの女性と腕を組んで写真に収まるとき、そしてその女性が谷川さんの腕にぎゅうっと体を寄せるとき、谷川さんの顔がどうしても一瞬、完全にほころんでしまうことを。僕は谷川さんのそういう正直なところが好きだったりする。

届いていたのはこんな詩だった。

みんなイノチ

「よりあいの森」に寄せて

谷川俊太郎

いろんなイノチの棲み処です
花咲くイノチに空飛ぶイノチ
呆然イノチに猛然イノチ
地を這うイノチに刺すイノチ
しゃかりきイノチに泣きべそイノチ

ここはまたいろんなイノチの停留所
来る人がいて去る人もいて
若葉に紅葉　枯葉に落ち葉
春夏秋冬色とりどりに時を過す
楽しくお徳用な特養です

僕らはその詩を玄関に飾った。本当は額に入れて飾りたかったのだが、なにぶん急なことで準備が間に合わず、硬い厚紙で補強したクリアファイルに入れて飾ることになった。

エントランスには祝い札の刺さった洋蘭の鉢植えがいくつも並んでいる。祝電が届き、お祝いの品も届く。正装した人たちが続々とやってきて、芳名帳に名前を記していく。もちろん、そこに政治家や財界人の名前はひとつもない。挨拶ばかりしたがる出しゃばりの役立たずは、この森にふさわしい人物ではない。肩書きを見せびらかしたいタイプの人間には、それに見合ったパーティーがどこか別な場所に用意されている。

三十畳の広間がすし詰めになった。あちこちで陽気なおしゃべりが交わされている。世話人たちの姿もそこにあり、カフェでよく見かける近所の人の姿もそこにはあった。みんな今日はおめかしをして臨んでいる。ストッキングをはき、真珠のネックレスを装着している。そして革のハンドバッグからコンパクトをそっと取り出すと、お化粧のノリをこっそり確かめたりしている。生真面目な記録係の僕は、そうした様子も次々にカメラで押さえて記録していく。

開所式は始まりの時刻を迎えた。

特別養護老人ホーム「よりあいの森」開所を祝う会――。

マイクを握った村瀬孝生が頭を下げ（さすがに寝ぐせはついていなかった）、いつものようにおかしな挨拶を始めた。

「おはようございます。ついに今日という日を迎えてしまいましたが、みなさんいかがお過ごしでしたか？　雨なんか降るもんですから、満開の桜も散ってしまいましたね。『花に嵐のたとえもあるぞ。さよならだけが人生だ』なんてことも言いますが、まったく残念な話です。まあそんなわけで、わたくしのつまらない挨拶なんか誰も期待してないと思いますので……稲田《いなだ》くん、スライドの準備を始めちゃってください」

職員の稲田くんは、にこにこにこにこ笑いながら広間の電気を消して回り、にこにこにこ笑いながら投射型プロジェクターのスイッチを押した。何がそんなにおかしいのかは知らないが、稲田くんはいつもにこにこにこにこ笑っている。

「みなさん。この稲田くんという職員もですね、『よりあい』で働くようになってもう十年以上になります。うちに来たときは痩せた青年だったんですが、いつの頃からかぶくぶくぶくぶく太り始めまして……で、何キロ太ったんだっけ？」

稲田くんは、にこにこにこにこ笑いながらそれに答える。

「だいたい二十キロぐらいです」

ちなみにケアマネージャーの資格試験には五回落ちて、自宅には犬と猫が合わせて十匹もいる。「第3宅老所よりあい」の責任者をにこにこにこにこ務めていて、お年寄りたちからは「社長さん」と呼ばれている。「まんざら悪い気はしない」らしい。お年寄りたちには、なぜか東大出身とウソの経歴を教えているという。

そんな稲田くんの名前は「学《まなぶ》」だ。

スライドの準備が整ったようだ。

村瀬孝生は映写される写真を見ながら「よりあい」の歩みをおもしろおかしく説明していった。余裕綽々《しやくしやく》でやっているように見えるが、そのスライドは昨日パソコンで慌てて作ったシロモノだ。そのせいかどうかは知らないが、お年寄りがちゃぶ台の上を這い回っている写真や、口から入れ歯をはみ出させたまま眠っている写真など、果たして一般公開していいものかどうか微妙な写真も紛れ込んでいる。それでも村瀬孝生は顔色ひとつ変えることなく「まあ、いろんなことがありました」とか「今思えば、のんびりした時代でした」とか、とても便利な言葉を使ってそのピンチをしのいでいた。たとえどんなにメチャクチャなことでも、しみじみとした声で話せば、それはいい話に聞こえる。村瀬孝生の挨拶代わりのスライドショーはそうして終わった。

式のめんどくさいところは、来賓《らいひん》の挨拶が必ず用意されているところだ。誰だかわからない人がやって来て、なんだかわからないことを言うことになっている。どこの馬の骨かわからない輩が話すまじめなスピーチほど退屈なものはないが、その点「よりあい」は少しばかり様子が違っていた。

「えー、『よりあい』さんで印象的なことと言えば、何よりその資金作りの必死さと申しましょうか、なんと申しましょうか、職員さんだけではなく、世話人と呼ばれる皆さんに至るまで、えー、なんと申しましょうか、かんと申しましょうか、バザーなんかに伺いますと、絶対ただでは帰さんぞという迫力があると申しましょうか、なんと申しましょうか——」

「わたくしなんぞ、『よりあい』からいくらムシリ取られたかわからないぐらいムシリ取られておりましてな、『よりあい』と出会いさえしなければ、ま、今日なんかも、もう少しいい背広でみなさんにご挨拶できた、そう思っておる次第でありまして——」

「総工費が二億円。土地代含めて三億円以上。あの『よりあい』がまさかの大勝負に出ると聞いたとき、わたくしは正直、まるで今日という日を想像できませんでしたが、こうやって建てちゃうからね、ほんと。なんか予定よりもたくさん借金することになったって聞いておりますんで、どうせまた皆さん方のお財布からいくらかずつ、なんてことにきっとなるんでしょうが――」

これじゃあまるで「よりあい被害者の会」だ。集まった人たちはそんな挨拶の連続に大笑いしていた。いい来賓のみなさんでよかった。少なくとも退屈ではなかった。何はともあれ、この三年半あまり、僕らはそれぐらい必死になってお金を集めていたということなのだろう。少なくとも、まわりにはそう見えていたということだ。けれど僕らは、ただの一度だって私腹を肥やすような真似はしなかった。何かの見返りを求めようとする人の寄付は一切いただかなかったし、政治的な力を持つ人に頭を下げるような真似も一切しなかった。五円十円を指先を真っ黒にして数え、百円二百円の上がりをこつこつ貯めて、この建物の柱にし、床にしてきたのだ。

僕はあるバザーの日のことを思い出す。売り上げの集計が終わったときのことだ。五十円、百円、二百円。そうした品々をたくさん売る「よりあい」のバザーは、とにかく小銭が山のように集まる。その日は大きな雑嚢袋《ざつのう》に大量の小銭がまとめられることになった。緑色をした丈夫な雑嚢袋だ。その雑嚢袋を、下村恵美子はなぜか僕に持たせたのだ。それは想像以上にずっしり重く、抱え直そうとするとじゃらじゃらと音を立てた。その重さに苦戦している僕に、下村恵美子はこう言ったのだ。

「ね、重かろうが。小銭はホント重いっちゃん。でもこれがね、お金の重みなんよ」

終会の挨拶は、下村恵美子が行った。マイクを握ると、集まった人の顔をすうっと見回し、少し間を置いてから話し始めた。僕はカメラのレンズをズームに切り替え、その表情にピントを合わせる。

「下村です。さきほど村瀬も申しておりましたが、伝照寺というお寺さんのお茶室で始めてから、もうすぐ二十四年になります。始めた当初は、一年やってダメならやめようと思っておりましたが、どういうわけか今日まで続いてしまいました。まぁ、ずっとお金のない中でやってまいりましたので……本当にいろんなことがありましたけど……私も歳のせいかだいぶ忘れっぽくなってしまったようです。

……みなさんの挨拶の中でも、たくさんお金の話が出て参りましたが、まったくそうだったなぁと思って笑って聞いておりました。今日、四月一日。こんなに立派な施設が開所できましたが、そんな私たちの姿が立派だったとはとても思えません。みなさんの目には、さぞかしみっともなく映ったんじゃないかなぁと思っています。

今日はそこに、大場さんの写真を飾らせていただきました。大場さんにも私たちの晴れ姿をちゃんと見てもらいたいなぁと思いまして……。

『よりあい』は大場ノブヲさんという一人のお年寄りから始まった施設です。もうご存じの方も多いかもしれませんが、大場さんはおしっこにまみれ、ゴミにまみれ、それでも毅然として一人暮らしをされていた女性です。野垂れ死にすることを覚悟で、それでも最後まで自分らしく生きようとされていた女性です。私はその大場さんの姿に打たれて、その生活を支えようと思い……思えばそれが『よりあい』の始まりでした。大場さんはもうこの世にはおられませんが、大場さんと出会えたからこそ、今があるんだなぁとつくづく思います。一人のお年寄りから始めること。その人の暮らしを支えるために動き、そして沿うこと。それを私に教えてくれたのは、間違いなく大場さんでした……」

ズームレンズをつけたカメラのファインダーには、下村恵美子の顔が大きく映っている。その小さな目のようなものは、こうしてよく見ると、決して小さくはなかった。つぶらで黒い瞳を持つ目だった。その目には涙があふれていて、そして今にもこぼれそうで、それを誰よりも大きなサイズで見ている僕は、うまくシャッターが切れなくなってきた。なんでだろう。合っているはずのピントがぼやけてくる。

「それにしてもここはいい場所ですね。いろんな季節の花が咲いて、たくさんの木が実をつけます。初めてこの土地を見に来た日のことを、私はよく覚えています。ひと目で『ここでやろう』と決めました。どうしてそう思ったのかはわかりません。大場さんの天からの声がそうさせたのかもしれません。『ここがよかけん、あんたたちはここでしんしゃい』って、なんかそんな声を聞いたような気もします。とにかくひとつ言えるとすれば、ここに私たちを連れてきたのは、間違いなくお年寄りたちだということです。お年寄りたちが私たちを動かし、私たちをここまで連れてきてくれました。

これからこの森で、またイチから始めることになりますが……私も六十二歳になってしまいました。そろそろお暇をいただこうかと、そう思っているところです。私ができるのは正直……もうここまでです。特養ができるまでの三年半、そういう思いでなんとかやってきましたが、でも、やっぱり、ちょっと疲れてしまいました。もうへろへろです。

ここは何もかもが新しい施設です。小さいですが立派で素敵な施設です。これからは、若い世代の職員が中心になって働き、村瀬孝生を支えながらやっていくと思います。そういう『よりあい』になっていくだろうし、なっていかなければいけないと思います。私は今日がそのスタートの日になればと、そう思っているところです。どうかみなさん、若い職員たちをよろしくお願いします」

大きな拍手が起こった。僕はめったなことではちゃんとした拍手をしない人間だが、なぜか一緒になって大きな拍手をしていた。下村恵美子は深々としたおじぎを済ませると、握っていたマイクを稲田くんに手渡そうとした。

その瞬間だった。

「あ、そうだ！　忘れてた！　今日お集まりのみなさんに、もうひとつご報告しなければいけないことがありました！」

下村恵美子の顔が明らかに変わった。

「本日はあちらのスペースに、お漬け物や手作りジャムなどをご用意した『開所記念スペシャル物販コーナー』を準備しておりまーす！」

そうだ。そうこなくちゃ「らしく」ない。僕はカメラを構え直した。

「たくさんご用意させていただきましたので、今日の記念に、またおみやげとして、ひとつと言わず、ふたつみっつと、じゃんじゃん買っていただけると、私としてもうれしい！　うれしい、うれしい、うれしい～っ！　なお、『よりあい』はこれから莫大な借金を返すことになっております！　これからもずっとお金に困り続けることでしょう！　それだけは絶対変わることがありません！　とにかくこれからも、ケ・セラ・セラです！」

そうして下村恵美子は、いつもそうするように、くるくると踊りながら、大きな声で歌い始めた。

ケ・セラ・セラ～　なるようになるわ～

先のことなどぉ～　判らない～

長いあとがき
（その後の雑誌『ヨレヨレ』と「宅老所よりあい」の人々）

書きそびれていたことと、その後のことについて少しだけ触れて終わりにしよう。

公民館と通販だけで地道に売る予定だった雑誌『ヨレヨレ』は、世にも奇妙な運命をたどることになった。それもこれも「ブックスキューブリック」という本屋さんに置いてもらったのがきっかけだ。

それは創刊号が完成して間もない二〇一三年十二月二十七日のことだった。「雑誌なんだからさ、なんか一軒ぐらいはさ、本屋さんにも置いてもらいたいよね」とかなんとか勝手なことを言いながら、下村恵美子と村瀬孝生と僕の三人は車に乗り込み、まんざら知らない仲でもない「ブックスキューブリック箱崎店」を襲撃したのだ。車には段ボールひと箱分の『ヨレヨレ』が積まれていた。商取引にうとい僕らは百五十冊納品する気満々だった。

店主の大井実《おおいみのる》さんは雑誌を見るなり「うーん……」と渋い顔をした。そんなに渋い顔をされると僕らだって俄然盛り上がってしまう。なんせこちらは「百五十冊全部置いてもらおう！」と虫のいいことを思っているのだ。「少しぐらい置いてくれてもよかろうもん！」とか、「大井さんの大好きな谷川俊太郎も載っとるよ！　ほら、ここ！」とか、「置かんやったら谷川さんもがっかりしんしゃるよ！」とか、ビジネスを無視したようなことや谷川さんをダシにするようなことやバカが言いそうなことを三人でバンバン言って丸め込み、かなり強引にではあったが、二十冊だけ置いてもらったのだ。

すべてはそこから始まったと言っていい。

『ヨレヨレ』という腰が砕けるようなタイトルがよかったのかもしれない。「ぼける前に読んでおきたい」だの「うんこの水平線」だの「谷川さん、認知症です！」だの、むちゃくちゃな見出しの躍る表紙が新鮮に映ったのかもしれない。何より、奥村門土くんの描いた宮崎駿の似顔絵には、強烈なインパクトがあった。

本好きの人が集まる「ブックスキューブリック」で、『ヨレヨレ』は売れに売れたのだ。どれだけ納品しても、すぐに売り場から姿を消していく。『ヨレヨレ』創刊号は、二週に一度集計されるこの店の売り上げベスト10で「初登場一位」を記録した。

そして村上春樹の小説『女のいない男たち』に敗れるまで、十四週にもわたってトップの座を守り続けた。第三号が発売されるともっとすごいことが起きた。ベスト10の一位から三位までを『ヨレヨレ』が独占することになり、その状態はなんと十八週も続いたのだ。今では「ブックスキューブリック」の名物雑誌みたいになっていて、このお店だけで千三百冊以上売れている。

取り扱ってくれる本屋さんも増えた。京都の「恵文社一乗寺店」を皮切りに、今では東京、神奈川、群馬、名古屋、大阪、京都、兵庫、熊本、大分の各都府県で『ヨレヨレ』は売られている。そのほとんどが、町の小さな本屋さんだ。雑貨店やパン屋さんでも販売されている。僕はそれがうれしい。人の顔が見えるような気がするからだ。

通販ではおもしろいことがときどき起きる。

なぜか東京新聞（中日新聞）の書評欄で、『ヨレヨレ』が大きく紹介されてしまったことがあった。紹介してくれたのはブックディレクターの幅允孝《はばよしたか》さんで、その熱のこもった書評の威力はすごいものがあった。「よりあいの森」の事務所の電話がひっきりなしに鳴って、注文が殺到したのだ。関東、中部地方を中心に一週間で五百冊以上は発送したと思う（いや、もっとあったかもしれない）。せめてものお礼にと、通販分にはできるだけ手紙を書くようにしているのだが、このときは数が多すぎて腱鞘《けんしょう》炎《えん》になってしまった。

というわけで雑誌『ヨレヨレ』は赤字になることなく続いている。創刊号と第二号の初版三千部はすでに完売し、今なお増刷を繰り返している。第三号もまもなく増刷することになるだろう。小さな施設で起こるドタバタしか描いてない雑誌がこんなことになるなんて、正直びっくりしているところだ。

しかしそれよりも大変なことになったのが、表紙の似顔絵を描いた奥村門土くんだった。彼は創刊号が出てわずか三か月後には、全国的に有名な少年になっていた。モンドくんと書けば、「ああ、あの子か!」と顔が浮かぶ人も多いことだろう。彼の描く似顔絵は、国の枠を軽々と飛び越え、今では台湾やシンガポールでも個展が開かれるほどワールドワイドなものになっている。『モンドくん』というタイトルの画集も出ているし、全国放送のテレビにもたびたび登場している。しかしどれだけ有名になっても、モンドくんはちっとも変わらない。たぶんなんとも思っちゃいないのだろう。普通に近所で友だちと遊んでいるし、あいかわらず毎日絵を描いて過ごしている。

モンドくんの父・ボギーくんにも転機が訪れた。「ヨコチンレーベル」は正式な会社になり、ボギーくんは自称社長から、晴れて本物の社長になった。バイトも辞め、今は音楽一本で家族を養っている。元々、実力のあるミュージシャンだったので、その魅力が正当に評価され始めたのだろう。今まで以上に全国を飛び回るようになり（オファーも格段に増えたみたいだ）、各地でお祭り騒ぎを繰り広げている。とにかくいつも活き活きとしているので、ボギーくんと会うのは楽しい。おもしろいことが起こりそうになると必ず誘ってくれるから、僕は退屈しないで済んでいる。とても大切な友人の一人だ。

「よりあい」のその後についても少し書いておこう。

特別養護老人ホーム「よりあいの森」には、二十六名のお年寄りたちが入所した。その中には、「よりあい」に通っていたお年寄りたちの姿もある。昼間は例の広間にみんな集って、おしゃべりをしたり、好きな歌を歌ったり、ソファーでうたた寝をしたり、うろうろ徘徊したりして、自分の好きなように時間を過ごしている。中には散歩やドライブに出かける人もいて、そうしたお年寄りたちと一緒に職員は毎日を過ごしている。そのへんは「宅老所」の雰囲気と全然変わらない。

食事は当初の予定通り、三食手作りだ。三人の職員とボランティアの人が協力し合って、毎日違う献立の家庭料理を作り、わいわい食卓に並べている。ときどき手打ちそばなんかも出ているようで、お年寄りも職員も「今日のお昼はなんやろね」と、ちょこちょこ厨房をのぞき込んでいる。

驚くべきことに、三時のおやつまで手作りのものが出ていたりする。シフォンケーキ、白玉団子、揚げまんじゅう、いちご大福、シュークリーム、ジェラートなどなど。僕もときどきご相伴にあずかるのだが、素朴でいい感じだ。お年寄りたちも手や口の周りをべちょべちょにしながらほおばっていて、評判も上々のようである。

まあそんなこんなで、お年寄りたちは今のところ実に穏やかに暮らしている。もう何年もここで生活しているかのように落ち着いていて、混乱している様子はまるでない。これには職員の方が拍子抜けしてしまったようだ。ぼけを抱えたお年寄りたちは、環境が変わると、不安になったり混乱したりするのが普通だ。だから職員は、万全の体制を敷いてそれに備えていたのだ（村瀬孝生に至っては、最低三か月は泊まり込んで、その混乱に付き合う覚悟でいた）。だが、どうもこのまま、何も起きずじまいになりそうな気配だ。平々凡々。日々是好日。まあ、それにはいろんな要因があるのだろうが、「建物が及ぼしている影響」も大きいんじゃないかと僕は思っている。それぐらいこの木造の特養は居心地がいい。

その居心地のいい建物作りに尽力した神野佐和子さんは、二〇一五年七月七日、七夕の日に入籍した（意外にロマンチックな人だ）。逞しい体をした旦那さんは、新婚早々バザーに駆り出されて、もう「よりあい」のみんなと仲良くやっている。僕ら世話人は、新たな犠牲者の誕生を心から歓迎しているところだ。

資金部会の部長を務めていた後藤朱美さんは、「第2宅老所よりあい」から地行にある「宅老所よりあい」に異動になった。職員をまとめる「管理者」になって、日々奮闘している。その姿はまぶしく見えることが多くなった。変な意味ではなく「ああ、いい女だな」と思うこともときどきある。でもそれを言うと耳まで真っ赤にして照れるから、僕は言わないようにしている。

村瀬孝生は本当に白髪が増えた。この四年あまり、それだけ苦労が多かったということだろう。特養ができてさらに責任は重くなり、仕事も増えた。たまには僕の家にも遊びに来てほしいのだが、そんな時間もなかなか取れないみたいだ。最近は「あと五年、頑張る」が口ぐせになっている。その五年で村瀬孝生は何をやろうとしているのだろう。

それはきっとこんなことだ。

「よりあい」は介護を地域に返そうとしている。老いても住み慣れた町で暮らすには、もうそれしかないと考えている。人と人とを自然な形でつなげ、顔見知りの人を増やしていくことで、そこに「困ったときはお互い様」というセイフティネットを作ろうとしている。

けれどそれは口で言うほど簡単なことではない。一度崩壊してしまった「ご近所づきあい」は、もう元の形では再生できないし、擬似的な再生を目指そうにも、即効性のある手段などひとつもない。

逆に問題を抱えた人間をどこかに追いやるのはとても簡単だ。電話一本、苦情ひとつで何かが動いて片付けてくれる。実にインスタント。実にコンビニエンス。しかしそれで「ほっと胸をなでおろすような安心」を得ても仕方がない。それは「本当の安心」なんかじゃないからだ。いつか自分が逆の立場になったら、途端に不安だらけになるという「暫定的《ざんていてき》な心の平静」に過ぎない。因果はめぐる。他人にしたことは、いつか自分にも返ってくる。老いた人間やぼけた人間を邪魔者扱いする社会は、いつか必ず自分も邪魔者扱いされることになる社会だ。人が人を薬漬けにして、おとなしくさせようとするのなら、その人もいつか薬漬けにされていくことだろう。何はともあれ、人が人をダメにして、人が人を追い出していくシステムの中で、びくつきながら暮らすのはあまり楽しくないはずだ。

村瀬孝生はそこをどうにかしようと考えているようだ。この「よりあいの森」という場所を使って、何ができるのかを考えている。地道に時間をかけてそれをやろうと、少しずつ動き始めている。そのひな形を作るのに、きっと五年かけるつもりなのだろう。僕の友人はさらに白髪を増やすことになりそうだ。


下村恵美子は、二〇一五年八月三十一日をもって「よりあい」を退職した。退職するという話を聞いたとき――それはいつか来ることではあったのだが――僕はなんだか強烈に寂しくなってしまった。

下村恵美子は全国にある「宅老所」の生みの親みたいな人だ。何もない荒地を耕してきた開拓者のような人だ。下村恵美子という人がこの世にいなかったら、きっと介護の世界の景色は今とは大きく違っていたことだろう。そのことは介護業界に少し詳しい人なら誰もが知っている事実だ。下村恵美子が「宅老所よりあい」で実践してきた介護のあり方が、多くの人々に影響を与え、制度まで動かしていた時代がこの国にはある。けれど、下村恵美子がそれを僕に自慢したことは、ただの一度もない。僕はそういう下村恵美子が大好きだ。人間的に見れば、確かに問題の多い人だと思う。言い出したら聞かないし、思ったことをズバズバ言うから、そのことで痛い思いをする人たちも少なからずいる。しかしその裏で、同じぐらい気を遣い、そして傷ついている下村恵美子を僕は知っている。「よりあい」と付き合うようになって、もう四年近くになるけれど、四年のうち少なくとも丸二年は毎日のように会って、毎日のように話をした。豪快にして繊細。創造者にして破壊者。何もかもが開けっぴろげで、見て見ぬふりが許せない、実は泣き虫の食いしん坊——。

ひとつ言えることがある。下村恵美子がいなかったら、雑誌『ヨレヨレ』は生まれなかった。もちろん、この本だって生まれなかった。今の僕がこうして笑っていられるのは、間違いなくこの人のおかげだ。誰からも相手にされなくなった僕を拾い上げ、もう一度雑誌の世界に戻してくれた最大の恩人にして友人。それが僕にとっての下村恵美子だ。

猫の茶々は、特養が建ったと同時に、この世の春が終わった。グレードの高いカリカリを山のようにくれる大工さんはいなくなり、体型も元に戻りつつある。それでも茶々はめげるということを知らない。職員の目を盗んでは特養に忍び込み、相談室のソファーでちゃっかり寝ていたりする。段ボール箱に入れられてゴミのように捨てられていた猫の茶々は（悲しい過去というものがアイツにもあるのだ）、そうして人とうまく付き合いながら、自分の暮らしを自分の力でなんとかしようとしている。偉いヤツだ。

＊

この本の制作にかかわったみなさんに感謝の言葉を述べておきたいと思う。

校正の牟田都子《むたさとこ》さん。鉛筆で書かれた美しい文字の校正を見ながら、自分の書いた文章をじっくり見直していく作業は、この上なく楽しいものだった。校正者の仕事とは、間違いを正すことだけが命ではない――そのことを僕は教えられたような気がする。校正とは、書き手を尊重しながら、もっと高い場所へ、もっと新しい場所へと導こうとする愛情の深い行為なのだ。

装丁を担当してくださった寄藤文平《よりふじぶんぺい》さんと鈴木千佳子《すずきちかこ》さんのお二人には、どうお礼を申し上げていいのかわからない。というのも、この「あとがき」を書いている時点では、まだカバーデザインが完成していないからだ。でも僕は心配していない。「二百万部売れるような本にしてください」などという僕のどうかしているお願いは、きっと素晴らしい形になって、日本中の本屋さんという本屋さんをまぶしく照らすことになるだろう。

　似顔絵のイラストは、モンドくんが担当してくれた。モンちゃん、いつもありがとう。印税がたんまり入ったら、君の大好きな「よっちゃんいか」を「もう嫌だ！」と言うまで食べさせてあげる。

　編集担当の川口恵子《かわぐちけいこ》さん。あなたが訪ねてきてくれた日のことを、僕はよく覚えている。物静かで、清楚で、大人っぽくて、美人で、本好きの少女の気配がまだどこかに残っている素敵な女性から、「本を書いてくれませんか？」とささやくように言われたら、誰だってのぼせ上がる（僕もそうだった）。そんな女性から「あなたの文章が好きなんです」とじっと目を見てうるうるされたら、誰だっておしっこが漏れそうになる（僕もそうだった）。その後、何度も顔を合わせ、長い時間話をしているうちに、それが大きな勘違いだったことに気づいたのだが（長ネギで社長の頭を殴ったりするらしい）、時すでに遅しだった。とにかくいい共犯者になってくれて本当にありがとう。とても仕事がやりやすかった。今、目の前にいてくれたら、抱きしめて上手《うわて》投げしたいぐらいだ。

＊

僕はこの本がたくさん売れるといいなぁと思っている。たくさん売れたら、僕も「よりあい」の職員みたいに、ボーナスカンパというやつをしてドキドキするのだ。

鹿子《かのこ》裕文《ひろふみ》

二〇一五年十月三十一日

文庫版あとがき

単行本の刊行から三年が経った。まあ三年も経つといろんなことが変わるわけで、僕と「宅老所よりあい」の関係も当時とは少し違う形になっている。

まず第一に、僕はもう世話人ではない。単行本が出てまもなくして、世話人会は解散したのだ。

解散の理由はいくつかある。「よりあいの森」の運営には、地域の人たちの協力が今まで以上に欠かせないわけだが、これから新しい人たちがたくさん入ってくるにあたって、「古株がいつまでもうろうろしているのはどうだろう?」という意見が世話人会で出たのだ。勝手知ったる古株たちが何かと出しゃばって幅をきかせてしまえば、せっかく入った地域の人たちがやりづらくなってしまう。それは長い目で見たときに、決して幸せなことではないだろう――というわけだ。

これから新しいことに取り組むのなら、新しい人たちと一からやっていく方がいい。ああでもないこうでもないと、みんなで知恵を出しながらやる方がきっとうまくいく。

そういう判断だったと僕は記憶している。

それに、これはどう言えばいいのだろう。大きな目標を達成したことで、そのころの世話人はどこか気が抜けたようになっていた。きっと僕らは少し疲れてしまったのだ。ひょっとすると燃え尽きてしまったのかもしれない。自分たちの手で老人ホームを作るということは、それぐらい過酷なことだったのだろう。

以降、かつて世話人と呼ばれた人たちは「自分のできる範囲でなんとなく」というスタンスで「よりあい」に関わっている。もうあのころみたいに、自分の時間をすべてなげうつような真似はしていない。僕も二か月に一度ほど顔を出すぐらいで、特にこれといってやっていることはない。

僕はそれでよかったのだと思う。


雑誌『ヨレヨレ』は第四号で完結した。今は制作も販売もしていない。

第四号を作り終えたときのことはよく覚えている。ちょうど『へろへろ』が印刷所に回ったころ、『ヨレヨレ』の第四号も完成した。『へろへろ』の執筆に七か月。『ヨレヨレ』の制作に四か月。休むことなく「よりあい」に関する原稿を書き綴った僕は、この第四号の編集作業がすべて終わったとき、「これで書くべき話は、全部書いてしまったのかもしれないな」と、ひどく感傷的な気持ちになったのだ。それはいつも感じるはずの解放感とは明らかに違っていた。僕は「よりあいの森」の事務所に設置していた編集用のパソコンの前に座り込み、何をするわけでもなく、ただぼんやりと朝が来るのを待った。僕を突き動かしてきたものは確実に消えてなくなり、それはもう帰ってこない。そんな気持ちで胸がいっぱいになり、四時間か五時間、その喪失感のようなものをひとり味わっていた。

思えば、下村恵美子が退職して「よりあい」に姿を見せなくなってからというもの、僕の中でそれは静かに始まっていたのだ。下村恵美子という存在は、僕にとってそれぐらい大きかったし、下村恵美子のいない「よりあい」は僕には寂しすぎた。

僕が「よりあい」について最後に書いた原稿は、『ヨレヨレ』第四号に掲載した「下村恵美子が『よりあい』を去った日」という原稿である。以後、僕はどんなにたのまれても、「よりあい」に関する原稿を書かなかった。これからも書くことはないだろう。今回の文庫化にあたって、その最後の原稿を全文掲載しようと思う。なぜなら、この原稿こそが『へろへろ』の本当の終わりのような気がするからだ。

何はともあれ、僕の人生において、「宅老所よりあい」の人々と過ごした時間は、ちょっと特殊で濃密な時間だった。それを財産と呼んでいいのなら、僕はけっこうな資産家なのかもしれない。

下村恵美子が「よりあい」を去った日

下村恵美子が荷物を片付けている。もう保存しておく必要のない書類をシュレッダーにかけ、本棚を整理し、あちこちに置いてあった私物を「持っていくもの」と「持っていかないもの」に選り分けて、ひとつずつ段ボール箱に詰めている。

「これで介護の世界ともおさらばできるかと思うと、ほんっと清々《せいせい》するね！」

まるで息でもするかのように憎まれ口を叩き、まわりにいる人間を笑わせながら、「よりあい」で過ごす残り少ない日々を、引き継ぎと片付け作業に費やしている。

下村恵美子は退職するのだ。

＊

下村恵美子は今年の八月で六十三歳になった。還暦を迎える前ごろから「私、そろそろ辞めるけん」と本人もたびたび口にしていたし、そのこと自体は誰もがよく知る話だったのだけれど、いざこうして本当に辞める日が近づいてくると、やはりなんだか寂しくなってしまう。

「あと三日しか来んけんね！」

立ち上げから二十四年。「よりあいの生みの親・下村恵美子」と僕とは、なんだかんだでもう四年の付き合いになる。僕らは不思議と馬が合った。何かにつけて口の悪いところがある二人は、すぐに打ち解け、そして仲良くなった。ある時期からは毎日のように顔を合わせるようになり、いろいろ話もするようになったが、下村恵美子は「バカバカしい話」がとても好きだったし、僕もそういう話しかしなかったから、正直なことを言うと、下村恵美子の偉大さという側面については（そういうものがあれば、の話だが）まるで知らない。少なくとも僕は、下村恵美子が「仕事に関する自慢めいた話」をするところを一切見たことがないし、本人の口から聞かされたという記憶もない。

とにかく、下村恵美子が僕に語って聞かせてくれた話と言えば、中学生のころ地域で最強の番長と付き合っていたとか、歌手を目指してＮＨＫのど自慢に出たが予選で落とされたとか、新婚旅行に旦那の友だちがぞろぞろついてきて、いったいどうなってるのかわからなかったとか、そういう類いの話ばかりだった。そのどうでもいい話がいちいちおもしろくて、みんなでちゃぶ台を囲んでお茶など飲みながら、笑い合ったことなんかを覚えている。

それに下村恵美子は「バカの天才」でもあった。バカをやらせたら「よりあい」でこの人の右に出る者は一人としていなかった。その迫力。その徹底ぶり。そしてバカバカしさ。準備にかける時間も情熱も、誰にも負けない。いつ何時、何が起きてもいいように、「よりあい」には衣装と小道具が山のように置かれていた。「下村・衣装」と書いてある段ボール箱を、僕はいくつ見たことか。そして何度それを運ばされたことか。一度何が入っているのかこっそり開けて中を見たら、わけのわからないドレスやタイツ、宝塚の役者が使うようなウイッグや、毒々しいメイク道具が山のように入っていた。そしてそういうものが（年を追うごとに）、減るどころか増えていくのだった。

どこでそんなものを調達してくるのかは知らない。こそこそ出かけているときに、きっと仕入れていたのだろう。「バカの天才」は「楽しむことの天才」で、「人を喜ばせることの天才」でもあったのだ。

＊

下村恵美子が退職してひと月ほど経ったある日のことである。職員主催の大送別会が「よりあいの森」で行われることになった。もちろん、「バカの天才」がおとなしく送られていくはずがない。主賓・下村恵美子は、会が始まる何時間も前から小部屋に籠《こ》もり、何やらたくらんでいる様子だった。そういうときの下村恵美子は、信じられないほど活き活きしている。一発やらかすつもりで満々なのだ。

この日の大送別会は「よりあい」職員もチームに分かれて、出し物を披露する予定になっていた。だが、下村恵美子が何かをやるつもりでいる以上、職員が束になってかかってもその敗色は濃厚だろう。

僕の嫌な予感は当たった。むしろ「想像を超えていた」と言っていい。

主賓・下村恵美子は往年のキャバレー歌手を思わせる出で立ちで登場したのだ。

青紫色のロングドレス――これはムチムチのボディラインに食い込んで生地が悲鳴を上げていた。栗色のウイッグはクリンクリンの巻き毛で、ティアラまで載《の》せてあった。もちろん、ここ一番で装着される毛虫のようなつけまつげは、今日も小さな目のようなものの上でびらんびらんだ。首元には王妃が迎賓館でするようなネックレスがギラギラしていて、耳たぶにぶら下がった百グラムほどもありそうな巨大イヤリングは、ブランコのように揺れていた。肩にはスケスケのオーガンジーで出来たストールが巻かれていて、ふと足元に目をやると、エナメルのハイヒールが妖《あや》しげなまでにテカ光りしていた。

「今夜はお招きいただきありがとっ！」

いったいなんのつもりだろう。とにかく「バカの権化《ごんげ》」と化した下村恵美子の姿を前にして、僕らは腹を抱えて笑うよりほかなかった。

もちろん職員も負けじと奮闘した。「千の風になって」を高らかに歌う人間の横で――つまり、私のお墓の前で泣かないでくださいと歌う人間の横で、体操服姿の女性職員がひたすらマット運動を繰り返すというシュールなコント。広げると長さ三メートルにもなる羽をばたつかせて歌われるジュディ・オングの「魅せられて」。熱唱するつもりで永ちゃんタオルまで用意しておきながら、本番で歌詞が完全に飛んでしまい、ただへらへら笑いながら踊るだけというニセ矢沢永吉ショー。テニスギャルの格好をした五十代女性職員とニホンザルの着ぐるみを着た職員とが懸賞をかけて戦うおんな尻相撲……それはぼけたお年寄りたちも拍手喝采を送るほど、趣向を凝らしたおもしろい出し物の連続だった。

だが、しかし——下村恵美子ショーが始まってしまえば、それも所詮《しょせん》は前座の出し物でしかなかった。下村恵美子はこの日のために助っ人二人を用意していたのである。一人は「よりあい」を一緒に立ち上げた盟友・永末里美さんだった。そしてもう一人は公私ともに何かと関係の深い世話人の古賀《こが》清恵《きよえ》さんである。二人はまるで芸事のお師匠さんのような和装の出で立ちで下村恵美子のサイドを固めると、ハンガーを楽器に見立てて「トリオ漫才」を始めた。

うちら陽気な　かしまし娘ぇ～

でたらめな漫才をやり散らかすと、永末さんがマイクを握り「天城越え」を熱唱し始めた。肉感的な永末さんが腹から声を出して歌うと、万物は舞い上がり、揺れ落ちて、肩の向こうで山が燃えた。永末さんはそうして職員たちを歌で圧倒すると、二十四年前の思い出話を語り始めた。

「あんたたちもよう知っとると思うけどさ、『よりあい』が始まるきっかけになった大場ノブヲさんの家に初めて行ったときのことは、今でもよう覚えとるんよ。『あんたちゃなんかぁ〜！』ちゅうてからさ、そらもう山姥《やまんば》んごとしとんしゃった。パンツもはいとらっしゃれんやったけん、もうおしっこもうんこも床に垂れ流しよ。風呂も三年ぐらい入っとりんしゃらんけん、もう足には靴ば履いとるごと垢《あか》がこびりついとってさ。そげんふうやけん、マンションの住人からも『出てけ出てけ』言われとったんやろうけど、それでも大場さんはね、一人で暮らしよんしゃった。

わたしたちゃその大場さんのマンションに通ってヘルパーば始めたんやけどさ、もう最初はうんこしっこの臭いが充満する部屋ん中で、頭クラクラしよったたいね。そんでも不思議なもんよね。そげんやって通いよるうちに、そのうんこしっこの臭いのする部屋で、わたしたちはお刺身ば一緒に食べられるごとなっていくんよ。大場さんはお刺身が好いとんしゃったけんね。いつしか一緒に笑いながら刺身ば食べられるごとなった。……まあ、今思えばなのかもしれんけど……わたしはね、それが『よりあい』の原点やったんやなって思いよります。あれから二十四年がたって、立派な特養がこげんして建っとうけど、下村さんが辞めても……この人がおらんごとなっても……『よりあい』はそういうところから始まったっちゅうことを、どうかみなさん忘れんでもらえるといいなあと思ってます。そしてそういうお年寄りがおったらね、見て見ぬふりやらせんでくさ、その人の居場所をみんなで作っていけたら、それでいいっちゃないかなって思いよります」

マイクは永末さんから下村恵美子の手に渡った。

「よっしゃ！　今からひばりちゃんの歌ば歌うけん、みんな耳の穴ばかっぽじいて聴いときんしゃい！」

カラオケから流れ始めたのは「愛燦燦《あいさんさん》」のメロディーだった。下村恵美子は深々とおじぎをすると、遠くを見つめるような目をして歌い始めた。よく見ると、あの毛虫のようなつけまつげが片方取れて、さらにおかしな顔になっていた。

人は哀しい　哀しいものですね
それでも過去達は　優しく睫毛に憩う

「よりあい」って不思議なものですね——下村恵美子は（いつもそうするように）歌

詞のところどころを改変して歌っていた。そして歌が二番に入り、ある歌詞に行き当たったときだった。ノリノリで歌っていた下村恵美子は、なぜか突然泣き出した。

思いどおりにならない夢を

失くしたりして……ぶぇーん！

下村恵美子は流れ出す涙と鼻水をオーガンジーのストールで拭《ぬぐ》うと、熱唱を続けた。そうして歌い終わると「みんなに話をするのもこれで最後になると思うので」と、マイクを持ったまま話を始めた。

「私の母は、若いころに長崎で被爆してるんです。だから私は被爆二世なんですね」

僕は不意をくらった形になった。なぜならその話は、僕が初めて耳にする話だったからだ。下村恵美子は淡々と話を続けた。

「当時の日本はね、被爆者に対する差別や偏見が強かったんです。だから母は被爆しているにもかかわらず、国から被爆手帳をもらうことをしませんでした。被爆しているることがわかると、お嫁に行けなくなると言われていたからです。だから国からは何の保障ももらっていませんでした。でもやっぱりというか……放射能をたくさん浴びた母の身体は、歳をとるにしたがってボロボロになっていったんです。癌、そして白血病。その過酷な治療を見かねた医者の勧めもあって、亡くなる半年前に被爆手帳を取ったんですけど、母はその病に本当に苦しみながら、四十六歳の若さでこの世を去りました。私はその苦しむ最期を病院で見続けることになったんですけど、それはもう見ていられないぐらいきつそうでした。

そんな理不尽な経験を母がしていたものですから、そして母が言うには、そういう人が当時たくさんいたと言うものですから、私はそのことを少しでも多くの人に知ってもらいたくて、被爆者家族の一人として国連でスピーチをしたことがあります。二十二歳か三歳か、それぐらいのときです。

今、考えればよくそんなことをやったもんだと思います。もちろん、そんな若い娘が渡航費用なんか持ち合わせているわけありませんから、県知事さんとか市長さんとか、お金をたくさん出してくれそうな所に掛け合ってカンパをもらっていくわけです。そのあとが町役場とか小さな所を回っていくんですけど、とにかく二百万円ばかりお金を集めて国連に行ったという記憶があります。……まあ、『よりあい』も若い職員が増えましたから、今日はいい機会だと思ってこんな話をしているわけですけど、あなたたちが、そしてあなたたちの子どもが、家族が、そんな大変な思いをしなくて済むように、一人一人が、この世で起きているいろんなことに、どうか敏感であって欲しいと私は願ってます。それが去って行く私からの最後の話になります。私も仕事を辞めて少し時間ができましたから、これからはそういうことにもちゃんと声を上げていくつもりです。小さいことかもしれませんけど、それが私にもできることだからです。とにかく二十四年間、本当にお世話になりました。これからもみんなで力を合わせて、どうか仲良くやっていってください。おわり！」

この期《ご》に及んでそんな話をする。実に下村恵美子らしい、と僕は思った。

（二〇一五年十二月発刊・『ヨレヨレ』第四号より再録）

解説　物語は終わらない

田尻久子

読んでもらえませんか、とある日『へろへろ』の原稿が出版社から送られてきた。刊行される前のことだ。鹿子さんは、いまでは〝博多名物めんべい〟を抱えて私が営んでいる店にたまにやって来るお客さんだが、その頃は何者か知らず、老人介護施設「よりあい」のことはちょっとだけ知っていた。

本になる前に読むのだから、面白くなくても何かしら感想を述べないといけない。ちょっと面倒だなと思いながら、でも、『へろへろ』というタイトルに惹きつけられて夜更けに読み始めた。泣いたり笑ったりしながら頁をめくる手を止めることができず、読み終わる頃には、「よりあい」の人々に会ったことがないなんて信じられないくらい、彼らがくっきりと存在していた。それというのも鹿子さんの愛ある人物描写のたまものだ。

そしていま、これを書くために三年ぶりに彼らに再会した。「よりあい」を作るきっかけとなった大場ノブヲさんというばあさまも、『へろへろ』のヒロインである下村恵美子さんも、相変わらず強烈で愛すべき人物だった。鹿子さんが下村さんに〝ちんちんライダー〟になれと言われるくだりでは、なんで言われた通りちんちん出さないいんだと彼女の肩を持ちたくなる。（どういう状況なのか気になる人は、本文をお読みください。）特別養護老人ホームの建設が無事済んで職人さんを囲んで大宴会が催される場面では、それまでの試練と思い出がまるで自分の経験のように脳内を駆け巡り、思わず涙ぐむ。そして、解説を書くために読み直したということをすっかり忘れて夢中になっていた。

老人介護施設の話だが、介護の話ではない。もちろん、老人も介護者もたくさん出てくるが、みんなお金の話ばかりしている。お金の話はみっともないものとは限らない。彼らは、世間からのけ者にされようとしている人々の居場所を作ろうと奔走しお金を集めている。指先を真っ黒にしながら五円十円の小銭を数える彼らを、誰が笑えよう。「よりあい」の生みの親である下村さんは、始終お金を集めているのだが、彼女が厳しい口調でこう断言する場面がある。

「世の中には、もらっていいお金と、もらっちゃいかんお金がある！」

そこを間違わない彼らだから、おかしな人間は寄って来ない。意味のないお金も寄って来ない。寄って来たとしても、去っていく。

人は必ず老いる。ぼけもする。たとえ認知症と診断されなくとも、少なからず体と一緒に頭のキレも悪くなる。何をするために歩き出したのかを忘れ、人の名前を忘れ、小さな段差につまずきつつ思ったより足が上がっていないことに気付く頃には、老いはすでに始まっている。昔は、そんなふうに老いていく姿を自然のこととして受け止め、老人たちは共同体の中で青年や子供と一緒に存在するのが当たり前だった。それは間違いなく互いにとってよいことであり、と同時に面倒なことでもあった。私たちはよい面を見過ごし、面倒を避けるために彼らを隔離することにした。あるいは、せざるを得なくなった。

私の祖父は晩年寝たきりになったが、孫たちで祖母を手伝ってどうにか家で看取った。そして、祖父が死んだ途端、今度は祖母がぼけ始めた。葬儀はすべて済んだというのに、何度も「火葬はいつだろうか」と言う。それで、一人暮らしはまずかろうと姉夫婦が一緒に暮らしてくれることになった。認知症は次第に進んでいき、プラスチックのボウルを鍋と間違えて火にかけたり、せん妄症状がはじまりわめいたりするようになった。日に日に症状は悪化し、最終的には施設に入れることになった。その施設の方々にはもちろん感謝をしているが、そこはまさに隔離病棟で「よりあい」とは程遠かった。

読みながら、祖母がいた施設のことをたびたび思い出した。カギを中から開けてもらわないと入れなかった。窓から見える景色には人の気配がなかった。帰り際、駐車場から祖母のいる部屋を見上げると、必ず窓際で祖母がうつろに手を振っていた。祖母はよく「ここはどこだろか、家に帰ろうか」と言っていた。

一人の困ったお年寄りから始まる。

それが、「よりあい」の行動原理だ。福祉の基本とは、介護の現場に限らず、まさにこうあるべきだろう。除外すべき人などいない。だからと言って「よりあい」が理想郷だとは思わない。世の中、美しいことばかりは起きない。この本を読んで、泣いて笑って満足して頁を閉じても物語は終わりではない。介護施設に限らず、何かを続けるということは次々に困難に遭遇することでもある。それでも、『へろへろ』を読むと、要は目の前の問題を一つずつ解決していけば何とかなるのではないかという気がしてくる。

「よりあい」は、たくさんの巻き込まれた人たちの手を借りて、間違いなく始まったのだ。その始まりは他の人々を触発し、また別の何かを巻き込み、『へろへろ』を読んだ人たちにも種をばらまき、雑草のように強く、地べたからゆるやかに世の中を変えていくに違いない。

（たじりひさこ・橙書店店主）

本書は二〇一五年一二月、ナナロク社より刊行された。

老人力　赤瀬川原平

20世紀末、日本中を脱力させた名著『老人力』と『老人力②』が、あわせて文庫に！　ぼけ、ヨイヨイ、もうろくに潜むパワーがここに結集する。

老いの楽しみ　沢村貞子

八十歳を過ぎ、女優引退を決めた著者が、日々の思いを綴る。齢にさからわず、「なみ」に、気楽に、と過ごす時間に楽しみを見出す。（山崎洋子）

老いの道づれ　沢村貞子

夫が生前書き残した「別れの手紙」には感謝の言葉が綴られていた。著者最晩年のエッセイ集。巻末に黒柳徹子氏との対談を収録。（岡崎栄）

珍日本超老伝　都築響一

著者が日本中を訪ね歩いて巡り逢った、老いを超越した天下御免のウルトラ老人たち29人。オレサマ老人にガツンとヤラれる快感満載！

独特老人　後藤繁雄編著

埴谷雄高、山田風太郎、中村真一郎、淀川長治、水木しげる、吉本隆明、鶴見俊輔……独特の個性を放つ思想家28人の貴重なインタビュー集。

老いの生きかた　鶴見俊輔編

限られた時間の中で、いかに充実した人生を過ごすかを探る十八篇の名文。来るべき日にむけて考えるヒントになるエッセイ集。

暮しの老いじたく　南和子

老いは突然、坂道を転げ落ちるようにやってくる。その時になってあわてないために今、何ができるか。道具選びや住居など、具体的な50の提案。

雨の日はソファで散歩　種村季弘

雨が降っている。外に出るのが億劫だ……稀代のエンサイクロペディストが死の予感を抱きつつ綴った文章を自ら編んだ最後のエッセイ集。

本が好き、悪口言うのはもっと好き　高島俊男

痛快エッセイ「『支那』はわるいことばだろうか」をはじめ、李白と杜甫の人物論、新聞醜悪録など、すべての本好きに捧げる名篇を収めた著者の代表作。

つげ義春を旅する　高野慎三

山深い秘湯、ワラ葺き屋根の宿場街、路面電車の走る街……、つげが好んで作品の舞台とした土地を訪ねて見つけた、つげ義春・桃源郷！

へろへろ
——雑誌《ざっし》『ヨレヨレ』と「宅老所《たくろうしょ》よりあい」の人々《ひとびと》

二〇一九年三月十日　第一刷発行
二〇二二年四月十日　第五刷発行

著　者　鹿子裕文（かのこ・ひろふみ）
発行者　喜入冬子
発行所　株式会社　筑摩書房
東京都台東区蔵前二―五―三　〒一一一―八七五五
電話番号　〇三―五六八七―二六〇一（代表）

装幀者　安野光雅
印刷所　凸版印刷株式会社
製本所　凸版印刷株式会社

ISBN978-4-480-43583-5 C0195

ちくま文庫